QUESTÃO
DE RAÇA

CORNEL WEST

QUESTÃO DE RAÇA

2ª edição

Tradução
Laura Teixeira Motta

Copyright © 1993, 2001, 2017 by Cornel West
Edição em português publicada por acordo com a Beacon Press.

Grafia atualizada segundo o Acordo Ortográfico da Língua Portuguesa de 1990, que entrou em vigor no Brasil em 2009.

Título original
Race Matters

*Tradução de "Democracia e questões raciais"
e "Questões de raça nos Estados Unidos do século XXI"*
Tulio Custódio

Capa
Jeff Fischer

Preparação
Marcos Luiz Fernandes
Tatiana Custódio

Revisão
Jasceline Honorato
Renato Potenza Rodrigues

Dados Internacionais de Catalogação na Publicação (CIP)
(Câmara Brasileira do Livro, SP, Brasil)

West, Cornel
  Questão de raça / Cornel West ; tradução Laura Teixeira
Motta. — 2ª ed. — São Paulo : Companhia de Bolso, 2021.

  Título original: Race Matters.
  ISBN 978-65-5921-068-8

  1. Afro-americanos – Condições sociais 2. Estados Unidos – Relações raciais I. Título.

21-59923   CDD-305.800973

Índice para catálogo sistemático:
1. Afro-americanos : Condições sociais : Sociologia   305.800973

Cibele Maria Dias – Bibliotecária – CRB-8/9427

2021

Todos os direitos desta edição reservados à
EDITORA SCHWARCZ S.A.
Rua Bandeira Paulista, 702, cj. 32
04532-002 — São Paulo — SP
Telefone: (11) 3707-3500
www.companhiadasletras.com.br
www.blogdacompanhia.com.br
facebook.com/companhiadasletras
instagram.com/companhiadasletras
twitter.com/cialetras

Para meu extraordinário filho, Clifton Louis West, que dia após dia combate as injúrias veladas à sua raça com a mais poderosa das armas — o amor por si próprio e pelos outros.

SUMÁRIO

Democracia e questões raciais — Prefácio à segunda edição (2001) *9*
Prefácio à primeira edição (1993) *15*
Questões raciais nos Estados Unidos do século XXI — Introdução para a edição comemorativa de 25 anos (2017) *19*

Introdução *33*

1. Niilismo na América negra *43*
2. As armadilhas do raciocínio de base racial *55*
3. A crise na liderança negra *67*
4. O novo conservadorismo negro posto a nu *82*
5. Além da ação afirmativa: igualdade e identidade *96*
6. Sobre as relações entre negros e judeus *102*
7. A sexualidade dos negros: um assunto tabu *113*
8. Malcolm X e a ira negra *124*

Epílogo *139*
Sobre o autor *143*

DEMOCRACIA E QUESTÕES RACIAIS
PREFÁCIO À SEGUNDA EDIÇÃO (2001)

OS NEGROS NOS ESTADOS UNIDOS diferem de todos os outros grupos de pessoas atualmente graças aos níveis sem precedentes de violência descontrolada e irrestrita dirigida a eles. Nenhum outro povo foi sistematicamente ensinado a odiar a si mesmo, seja por meio da violência psicológica — reforçada pelos poderes do Estado e da coerção civil —, seja pela violência física — que objetiva controlar a mente e explorar o trabalho dos negros há quase quatrocentos anos. A combinação única do terrorismo norte-americano (as leis de Jim Crow e o linchamento) com a barbárie norte-americana (comércio e trabalho de escravizados) prova o distinto ataque norte-americano à humanidade do povo negro. Essa ideologia e essa prática perversas da supremacia branca deixaram sua marca indelével em todas as esferas da vida norte-americana — desde os recorrentes crimes contra reservas ameríndias até a realidade da discriminação a latinos falantes de espanhol e dos estereótipos raciais contra os asiáticos. Ainda assim, a prova definitiva para a democracia norte-americana — sua economia, seu governo, seu sistema de justiça criminal, sua educação, seus meios de comunicação e sua cultura — permanece: quão amplos e intensos são os poderes arbitrários usados e aplicados contra os negros. Nesse sentido, o problema do século XXI continua sendo o problema da barreira racial.

O objetivo básico de um regime democrático é coibir o uso de poderes arbitrários — especialmente do governo e de instituições econômicas — contra seus cidadãos. Baseado nesse critério indubitável, a história da democracia norte-americana em relação aos negros entre 1776 e 1965 foi um fracasso colossal.

Isso também se aplica aos povos vermelhos, marrons* e amarelos. Por uma geração — 35 anos — nós embarcamos em uma democracia multirracial com avanços significativos e silêncios gritantes.

O progresso racial é inegável nos Estados Unidos. Nunca antes tivemos uma miscelânea tão colorida de profissionais nos negócios, na educação, na política, nos esportes e no movimento dos trabalhadores. Os tetos de vidro foram perfurados — não quebrados — por pessoas não brancas extraordinárias. Formas ostensivas de discriminação foram atacadas e forçadas a se tornar mais veladas.

Porém, o legado da supremacia branca perdura — muitas vezes diante da própria negação de sua existência. Os exemplos mais explícitos são o perfilamento racial, as condenações relacionadas às drogas (os negros consomem 12% das drogas ilegais nos Estados Unidos, mas sofrem quase 70% das condenações!), e as execuções de pena de morte. E os exemplos menos explícitos são os níveis de desemprego, as taxas de mortalidade infantil, o acesso à educação especial e a tratamentos para depressão.

A consequência mais imediata da experiência recente de democracia multirracial é o aumento da divisão e da distância de classes na sociedade e nas comunidades negras dos Estados Unidos. Isso ocorre principalmente porque o advento do regime multirracial norte-americano coincidiu com níveis crescentes de desigualdade de riqueza. A nova inclusão de negros nas categorias profissionais da sociedade norte-americana ocorreu em paralelo à expansão inexplicável do poder corporativo na economia e no governo e o desencadeamento da força policial arbitrária em comunidades pobres racializadas, especialmente as negras, as marrons e vermelhas. O resultado, por um lado, são as conquistas de uma classe média negra, que materializam

---

* No contexto demográfico norte-americano, "marrons" pode abarcar latinos, indianos e alguns povos do Oriente Médio. (N. T.)

o progresso dos negros; por outro, a devastação das comunidades negras pobres e trabalhadoras, que produziu aumentos sem precedentes na população carcerária e nas vítimas negligenciadas de abuso policial. Escolas decrépitas, sistema de saúde inadequado, creches indisponíveis e poucos empregos com salários dignos compõem o cenário dessa miséria social.

A democracia nas questões raciais é importante porque classe e gênero são importantes na sociedade norte-americana e na vida dos negros. A desigualdade de riqueza (o 1% mais rico possui riqueza equivalente aos 95% mais pobres, ou 48% da riqueza financeira líquida do país!) move o pêndulo da balança na direção contrária de oportunidades justas em educação, emprego e outras chances de vida cruciais. O poder das corporações — com suas realidades plutocráticas, patriarcais e baseadas na cor da pele — diminui a capacidade de cidadãos e trabalhadores terem uma voz significativa na formatação de seu destino. O poder policial — usado desproporcionalmente contra as comunidades negras pobres — requer uma regulamentação realmente justa para não ser visto como ilegítimo e arbitrário.

O maior culpado das possibilidades democráticas aqui e mundo afora é a cultura de mercado em perpétua expansão que coloca tudo e todos à venda. Por duas razões básicas, a expansão do poder corporativo é impulsionada pela comercialização e pela mercantilização generalizadas. Primeiro, as atividades de mercado de compra e venda e de publicidade e promoção enfraquecem as atividades não mercadológicas de cuidar, compartilhar e se relacionar. Os estímulos de curto prazo e a euforia instantânea superam as relações sólidas e a essência da comunidade. Segundo, os interesses privados estão acima das aspirações públicas. O sucesso individual — por vezes a qualquer custo e de qualquer forma — minimiza as transações justas e legais, de forma que o poder dos trabalhadores e dos cidadãos é enfraquecido. E nenhuma democracia pode sobreviver, não importa quão fortes sejam seus mercados, sem uma vida pública séria e um compromisso com a equidade e a justiça.

O tipo de transformação estrutural de que precisamos é bem representado por forças como Ralph Nader, Al Sharpton e Dolores Huerta. Vimos movimentos dessa aliança multirracial partindo de cidadãos conscientes e de trabalhadores desassistidos em Seattle, na Filadélfia, em Los Angeles, no Harlem e em San Antonio. No entanto, acredito que os progressistas negros ainda desempenharão um papel desproporcional.

O impacto da cultura de mercado sobre a vida dos negros foi devastador. Como Stanley Crouch observou corretamente, há cinquenta anos as comunidades negras eram as mais civilizadas e humanas dos Estados Unidos — altamente cuidadosas, atenciosas, amorosas e com amor-próprio por trás dos muros do apartheid norte-americano. A invasão do mercado, aliada à terrível disseminação das drogas, transformou muitos bairros negros em guetos e comunidades civis negras em zonas incivilizadas de combate. Essa transformação resulta do duplo impacto das forças dominantes do mercado e dos estereótipos da perversa supremacia branca (e da supremacia masculina, heterossexista), estereótipos que moldam desproporcionalmente as percepções e as práticas dos negros. Desnecessário dizer que isso se aplica à sociedade norte-americana como um todo. Mas para um povo odiado e perseguido, cujos bens mais valiosos têm sido a memória subversiva, a integridade pessoal e o amor-próprio, tornar-se prisioneiro da amnésia histórica, das obsessões materialistas e da acomodação pessoal para se sentir aceito a qualquer custo produz o niilismo negro e o suicídio coletivo.

A maior tragédia da América negra nos últimos dez anos, aproximadamente, é a baixa qualidade das lideranças negras e a relativa desatenção à profunda crise da juventude negra. Para ser franco, simplesmente não há líderes negros que amem e respeitem os negros a ponto de lhes dizer a verdade — ou mesmo confiar a verdade a eles. Temos muitos líderes negros que cedem muito depressa e se vendem com bastante facilidade. E, como nas quartas-feiras à noite no Apollo Theater, a maioria dos negros sabe quem é *verdadeiro*, *comprometido* e *sério* e quem não é. Mas, muitas vezes, a opção por uma liderança de boa qualidade é limitada. E nos encontramos entre a cruz e a espada.

Isso é especialmente verdadeiro em relação à juventude negra. Com cerca de 40% das crianças negras vivendo na pobreza e quase 10% de todos os jovens adultos negros na prisão, enfrentamos uma crise de proporções enormes. No entanto, essa crise não é nem mesmo um pontinho na tela do radar nacional da política norte-americana. Isso é uma vergonha e uma desgraça — e os líderes negros devem arcar com parte da responsabilidade. Como os jovens negros podem respeitar os líderes negros quando sua condição e seus dilemas são tão flagrantemente ignorados pelo mainstream — um mainstream que os líderes negros influenciam e com o qual dialogam? Com poucas exceções — Al Sharpton, Marian Wright Edelman, o Black Radical Congress, os programas ACT-SO (Olimpíadas Afro-Acadêmicas, Culturais, Tecnológicas e Científicas) da NAACP (Associação Nacional para o Progresso das Pessoas Não Brancas) para jovens, entre outros —, as lideranças negras tendem a minimizar as realidades dos jovens negros em detrimento do avanço profissional dos negros. Novamente, essa prioridade é uma questão de classe e de gênero na América negra. E agora está voltando para assombrar essas lideranças.

Conforme entramos no século XXI, devemos unir as urgentes questões nacionais negras às críticas questões de classe e gênero na globalização corporativa em todo o mundo. Como Danny Glover nos lembra constantemente, a proteção ao meio ambiente, aos consumidores e aos trabalhadores em nosso mundo cada vez mais interdependente de mercados capitalistas é crucial para que as questões raciais sejam aprimoradas. Se os movimentos pró-democracia enfraquecerem — e os cidadãos e os trabalhadores ficarem mais debilitados —, as questões raciais explodirão. E sabemos o ciclo ruim que isso produzirá. Nós devemos fazer melhor — mas apenas se reunirmos visão, coragem e vontade de fazê-lo.

PREFÁCIO À PRIMEIRA EDIÇÃO (1993)

> *Pelo bem dos próprios filhos, para minimizar as consequências que eles terão de sofrer, é preciso cautela para não nos refugiarmos em ilusões — e o valor que se atribui à cor da pele é, e sempre será, em qualquer lugar, uma ilusão. Sei que o que estou pedindo é impossível. Mas em nossa época, assim como em qualquer outra, o impossível é o mínimo que se pode exigir — afinal, encoraja-nos o espetáculo da história humana em geral, e da história do negro norte-americano em particular, pois ela atesta nada mais, nada menos do que a perpétua realização do impossível.*
>
> *[...] E aqui estamos, presos no centro do arco da mais aparatosa, valiosa e inverossímil das rodas-d'água já vistas no mundo. Agora, devemos reconhecer, tudo está em nossas mãos; não temos o direito de supor o contrário. Se nós — e aqui estou incluindo os brancos relativamente conscientes e os negros relativamente conscientes, que devem, tal qual amantes, insistir na conscientização dos outros, ou criar essa conscientização —, se nós não faltarmos ao dever agora, poderemos conseguir, mesmo sendo poucos, pôr fim ao pesadelo racial, conquistar nosso país e mudar a história do mundo. Se não ousarmos tudo agora, a realização da profecia, recriada da Bíblia na canção de um escravo, se abaterá sobre nós:* "God gave Noah the rainbow sign, no more water, the fire next time!". [*Deus mandou a Noé o sinal do arco-íris; não mais a água, mas, da próxima vez, o fogo!*]
>
> James Baldwin, *The Fire Next Time*, 1963

EM SETEMBRO PASSADO, minha esposa, Elleni, e eu estávamos a caminho de nossa jornada quinzenal de Princeton a Nova York. Eu estava bem-humorado. A aula que havia dado pela manhã no curso de "Estudos sobre a cultura europeia", abordando a primeira metade da *República*, de Platão, transcorrera muito bem. E a aula da tarde, sobre a obra *As almas da gente negra*, de W. E. B. Du Bois, em meu curso de "Estudos sobre a cultura afro-americana", deixara-me exausto, porém entusiasmado. O poderoso simbolismo platônico sobre a incursão de Sócrates ao grande porto de Pireu — o centro multicultural dos negócios e do comércio grego e o baluarte da democracia ateniense — ainda ressoava em meus ouvidos. E a presciente afirmação de Du Bois — "O problema do século XX é o problema da barreira da cor" — continuava a me perseguir. Misteriosamente, essa dupla de clássicos apresentava-me os desafios mais fundamentais ao objetivo básico de minha vida: falar a verdade aos poderosos, com amor, para que a qualidade da vida cotidiana das pessoas comuns seja melhorada e a supremacia dos brancos se veja destituída de sua autoridade e legitimidade. Um desafio surgia da crítica de Platão — crítica profunda, porém pouco persuasiva — à democracia ateniense, para ele inevitavelmente corrompida pela ignorância e pelas paixões das massas. O outro provinha da penetrante análise de Du Bois sobre a intransigência da supremacia branca na experiência democrática norte-americana.

Quando nos aproximamos de Manhattan, comecei a ficar agitado, como ocorre toda vez que estou com pressa nas imediações do túnel Lincoln. A coisa mais rara é não ter de enfrentar um excruciante congestionamento — não importa o dia ou a hora. Mas daquela vez atravessamos o túnel sem percalços, e eu atribuí a boa sorte a Elleni. Ao entrar na cidade, cogitamos parar na Sweetwater (nosso local favorito para relaxar) caso sobrasse tempo depois de cumprir nossos compromissos. Deixei minha esposa na rua 60, entre a Lexington e a Park Avenue, e guardei o carro — um veículo muito elegante — em um estacionamento seguro; depois parei na esquina da rua 60 com a Park

Avenue para tomar um táxi. Eu estava bastante tranquilo, pois ainda faltava uma hora para meu próximo encontro, às cinco da tarde, com o fotógrafo que tiraria a foto para a capa deste livro, no telhado de um prédio residencial situado no East Harlem, entre a rua 115 e a First Avenue. Esperei, esperei e esperei; depois de o nono táxi ter me recusado, meu sangue começou a ferver. O décimo também me recusou, parando para uma gentil, bem-vestida e sorridente compatriota de ascendência europeia. Ao entrar no táxi, ela comentou: "Isso é ridículo, não?".

Sórdidas lembranças de injúrias que sofri no passado em razão de minha raça passaram-me pela cabeça em um lampejo. Anos atrás, quando eu estava dirigindo meu carro a caminho de Nova York para dar aula no Williams College, fui parado sob a acusação forjada de traficar cocaína. Ao declarar ao policial que eu era professor de religião, ele replicou: "Tá legal, crioulo, e eu sou a Noviça Voadora! Vamos embora!". Fui parado três vezes nos dez primeiros dias que passei em Princeton por dirigir devagar demais em uma rua residencial cujo limite de velocidade era de quarenta quilômetros por hora. (E meu filho, Clifton, já tem recordações semelhantes, na tenra idade de quinze anos!) Nem é preciso dizer que incidentes como esses não são nada perto de casos como o espancamento de Rodney King e a violência contra os negros nas ações do Cointelpro* do FBI nas décadas de 1960 e 1970. Mesmo assim, aquelas lembranças me retalhavam impiedosamente o espírito enquanto eu esperava naquela desolada esquina. Por fim, decidi ir de metrô. Percorri a pé três longas avenidas, cheguei atrasado e tive de me recompor ao me aproximar do fotógrafo branco e da designer branca que faria a capa do livro. Preferi não me alongar na história dessa minha experiência tão comum na vida diária dos nova-iorquinos negros. E passamos um tempo agradável conversando, fazendo poses e tirando fotografias.

---

* O alvo do Cointelpro (Counter-Intelligence Program) eram líderes e organizações negros. Sua ação consistia em vigiar, perseguir ou mesmo matar. (N. T.)

Quando fui buscar Elleni, contei-lhe sobre a hora que eu passara esperando na esquina, meu atraso, a habilidade e o entusiasmo do fotógrafo e da designer. Conversamos sobre nossa fantasia de mudar para Adis Abeba, na Etiópia, terra natal de Elleni e o local do evento mais agradável de minha vida. Entretive-me com a ideia de assistir ao último dia do *revival* presidido pelo reverendo Jeremiah Wright, de Chicago, na Igreja Batista do Cristo de Canaã, no Harlem, cujo mentor é o reverendo Wyatt T. Walker. Mas decidimos ir até a Sweetwater. E as más recordações se esvaíram em meio à comoção que aquela música, aquela comida e aquela gente nos provocavam.

Enquanto voltávamos para Princeton, embalados pela suave música negra "Quiet Storm", de Van Harper, na WBLS, frequência 107.5, conversamos sobre o que a questão racial significou para o passado norte-americano e o quanto a raça faz diferença para uma pessoa nesta época e neste país. Jurei ser mais vigilante e virtuoso em meu empenho para enfrentar os desafios propostos por Platão e Du Bois. Para mim, isso constitui um problema urgente de poder e moralidade; para outros, é uma questão diária de vida ou morte.

QUESTÕES RACIAIS NOS ESTADOS UNIDOS DO SÉCULO XXI
INTRODUÇÃO PARA A EDIÇÃO COMEMORATIVA DE 25 ANOS (2017)

VIVEMOS UM DOS MOMENTOS MAIS SOMBRIOS da história norte-americana — uma época desoladora de apagão espiritual e colapso do império. Há 25 anos tentei desnudar as realidades e os desafios para a democracia norte-americana à luz das ações e dos sofrimentos dos negros. E cheguei a conclusões tristes, mas esperançosas. Em nossa época, a mágoa é muito mais profunda e a esperança quase se esvai. O niilismo* na América negra tornou-se um grande apagão espiritual nos Estados Unidos. O colapso inegável da integridade, da honestidade e da decência em nossas vidas pública e privada alimentou ainda mais o ódio e desprezo raciais. A lógica de acumular muito dinheiro e sua consequente cultura de mesquinhez e falsidade envenenaram tanto nosso coração, nossa mente e nossa alma que um modelo mental neoliberal, presunçoso e pautado na espertez, em dólares e em bombas prospera com pouca oposição. O aumento do alcance militar no exterior, a corrupção das elites políticas e financeiras do país e a cultura orientada pelo mercado por meio de distrações em massa na internet, na TV e no rádio levam a um colapso inevitável do império norte-americano, no qual se perde o controle sobre o nacionalismo chauvinista, as políticas plutocráticas e o cinismo dos espectadores. Nossa última e única esperança é uma revanche profética — um despertar moral e espiritual que valorize o discurso corajoso pautado pela verdade e a ação exemplar de indivíduos e comunidades.

---

* A ideia de "niilismo dos Estados Unidos negro" não é do mesmo sentido que o conceito de Nietzsche, o que é explicado no primeiro capítulo. (N. T.)

As características que distinguem nosso apagão espiritual são tripartidas. Primeiro, nós normalizamos a hipocrisia e naturalizamos a criminalidade. Colocamos nossas mentiras como a ordem normal das coisas. E colocamos nossos crimes como a ordem natural das coisas. É bem comum ouvirmos dizer que Wall Street é uma boa serva — em vez de um terrível senhor — do bem comum. Então, desviamos o olhar do comportamento criminoso dos grandes bancos porque eles são indispensáveis demais para serem processados. Negamos que ataques de drones estejam matando pessoas inocentes fora dos Estados Unidos. Depois, ignoramos as listas de assassinatos nas *Terror Tuesdays* na Casa Branca,* quando o presidente e sua equipe decidem executar pessoas sem qualquer procedimento legal, incluindo cidadãos norte-americanos inocentes. Segundo, estimulamos a insensibilidade e recompensamos a indiferença. Fazemos a hostilidade parecer viril e madura. E fazemos a frieza pelo outro parecer triunfante e vitoriosa. Em um mundo em que sobrevivem os mais ligeiros e os mais espertos, preparamos o caminho para a pura ganância e a autopromoção. Tornamos a covardia e a avareza uma moda e a compaixão uma opção para os perdedores. Preferimos celebridades reféns do mercado, que prosperam com óculos chamativos e grifes sedutoras, em vez de exemplos motivados pela moral que lutam por suas convicções corajosas e suas causas firmes. Terceiro, superamos as dimensões morais e espirituais de nossas vidas e do mundo aplaudindo nossos ganhos de curto prazo e sucessos superficiais. Essa disposição imoral e brutal reforça — e, em parte, é resultado de — a mercantilização abrangente de um capitalismo predatório que foge do controle de nossas psiques e sociedades. A violência generalizada em nossas vidas e nas políticas militares no exterior é inseparável da mercantilização com fins

---

* Como ficaram conhecidas as reuniões organizadas semanalmente pelo governo dos Estados Unidos, no período mencionado por Cornel West, para debater medidas antiterrorismo. (N. E.)

lucrativos de nossa civilização capitalista espiritualmente empobrecida. E nossa civilização repousa sobre um império norte-americano em declínio e decadência. O colapso do império está no centro de nossos tempos catastróficos. Nossa catástrofe ecológica é real. O Antropoceno nos devora. Práticas humanas — sobretudo grandes negócios e grandes operações militares — agora influenciam tão profundamente a atmosfera da Terra que as extinções são motivo de verdadeira preocupação. O potencial para uma catástrofe nuclear continua iminente à medida que as tensões entre Estados Unidos e Rússia aumentam e outras potências nucleares, como Coreia do Norte, China, Paquistão, Índia e Israel, estão se expandindo, inquietas. Nossas catástrofes econômicas andam de mãos dadas com a grotesca desigualdade de riqueza. Nossas catástrofes políticas se aprofundam à medida que a oligarquia triunfa por meio da disfunção governamental. Nossas catástrofes civis se aprofundam à medida que o interesse público, o bem comum ou mesmo o estado de direito é minado pelo grande capital. E nossas catástrofes culturais muitas vezes são escondidas — a vasta e triste realidade do trauma e do terror que atinge desproporcionalmente nossos concidadãos mais vulneráveis: os pobres, os LGBTQ, as pessoas não brancas, as mulheres e as crianças.

O colapso do império é o contra-ataque imoral da prática de guerra norte-americana — derrotar, destruir, devastar — na vida pública e privada dos seus cidadãos. A profunda negação das questões raciais na história dos Estados Unidos — com notáveis exceções como a guerra civil ou o movimento dos direitos civis — é um exemplo da mais profunda negação das questões do império no surgimento e na sustentação do país. Os Estados Unidos eram um projeto comercial antes de se tornarem um experimento democrático. Os Estados Unidos foram um empreendimento colonial do Império Britânico (e de outros) antes de simbolizarem uma ruptura revolucionária com o rei Jorge III. E o esforço revolucionário norte-americano foi construído com as terras e os corpos dos povos indígenas, bem como com a escravidão e a expropriação dos povos negros. Em suma, a expansão imperial, o capitalismo predatório e a supremacia branca foram o contexto que possibilitou a teoria e a prática da valiosa ideia de democracia nos Estados Unidos. Não nos esqueçamos de que a democracia imperial tem suas próprias estruturas de dominação.

Nosso colapso imperial atual é um eco distante do colapso imperial na Europa que se seguiu à Segunda Guerra Mundial — o momento que pôs fim à Era da Europa (1492-1945). O século norte-americano começou apenas quando o império soviético se tornou um adversário sério. E a queda do império soviético, em 1991, proporcionou o pleno domínio imperial norte-americano. Quase três décadas desde a incontestável afirmação de seu status de potência mundial, os Estados Unidos seguiram a rota de todos os impérios da história humana: o machismo dominante, a histeria incerta e a arrogância previsível. Como todos os impérios, o império norte-americano foi irresponsável com suas vítimas. Desse modo, as questões raciais são parte integrante — embora não a única — das questões do império.

O colapso do império anda de mãos dadas com o apagão espiritual principalmente porque, na história da humanidade, o feitiço sempre vira contra o feiticeiro. A hipocrisia e a criminalidade (passado e presente) norte-americanas — nossas mentiras e nossos crimes — são cada vez mais difíceis de esconder e dissimular. A dimensão da insensibilidade e da indiferença norte-americanas para com as pessoas pobres e vulneráveis aqui e no exterior é muito vasta para ser ignorada. Nossa ganância e autopromoção por ganhos de curto prazo e sucesso superficial impedem qualquer busca séria por exemplos de grandeza moral e espiritual. Os Estados Unidos são um grande exemplo do dilema bíblico: que vantagem tem um império que ganha o mundo inteiro e perde sua alma? Alguns afirmam que os Estados Unidos nunca tiveram alma — algum império tem alma? Ou simplesmente existem figuras e movimentos proféticos exemplares que tentam responsabilizar os impérios do ponto de vista de suas vítimas? Não é todo projeto imperial que se dirige à Terra Prometida ou ao Êxodo que precisa de uma leitura dos cananeus para propósitos morais e espirituais? Ou nem todo império espera seu momento de colapso imperial?

O triunfo político de Donald Trump em 2016 é símbolo e sintoma — não causa ou origem — de nosso colapso imperial. Trump não é estrangeiro nem estranho à cultura e história norte-americanas. Na verdade, ele é tão norte-americano quanto uma torta de maçã. Ainda assim, ele é um sinal de nossa falência espiritual — muito espetáculo e nenhum conteúdo, muito narcisismo e nenhuma empatia, muito apetite e ganância e nenhuma sabedoria e maturidade. No entanto, seu triunfo deriva da implosão de uma dívida do Partido Republicano com o grande capital, o grande poderio militar e os grandes bodes expiatórios — como os povos não brancos, LGBTQ, imigrantes, muçulmanos e mulheres, todos vulneráveis —, que servem para esconder e dissimular as mentiras e os crimes das políticas neoliberais aqui e no exterior; e do establishment corporativo da mídia que auxiliou e estimulou Trump devido aos altos lucros e receitas.

É muito fácil e míope culpar Trump sozinho pela decadência e pelo declínio do império norte-americano. Dentro das limitações da política eleitoral, a campanha de Bernie Sanders em 2016 foi uma grande perda de oportunidade para as questões raciais: o bloco mais progressista e mais expressivo do Partido Democrata se recusou a apoiar o candidato mais progressista nas primárias — os democratas negros se afastaram de Bernie Sanders. O poder e a influência dos políticos negros para exaltar Hillary Clinton e rebaixar Bernie Sanders foram bastante reveladores. O sistema de patrocínio neoliberal e a máquina dos Clinton, que estão por trás de igrejas negras, empresas, rádios e redes civis, empurraram Sanders (e todos nós que acreditávamos nele) para as margens da América negra. E a forte popularidade de Barack e Michelle Obama selou a candidatura de Clinton — uma candidatura neoliberal inapta para lidar com o apagão espiritual e o colapso imperial em nosso momento.

A verdade dolorosa é que não há Donald Trump sem Barack Obama, nem movimentos neofascistas sem políticas neoliberais — está tudo dentro da zona imperial. Obama era o brilhante e sorridente rosto negro do império norte-americano. Trump é a face ignorante, branca e cruel do império norte-americano. Obama não produziu Trump, mas suas políticas favoráveis a Wall Street facilitaram a vitória pseudopopulista de Trump. A relutância de Obama em confrontar questões raciais de maneira séria e substancial não causou a reação horrível dos brancos, mas a hesitação de Obama não ajudou o combate às práticas da supremacia branca. E, mais especificamente, tanto Obama quanto Trump — duas faces diferentes do colapso imperial — apoiaram o crescimento da frota militar; as guerras contra países muçulmanos; os ataques de drones; a ocupação israelense de terras e de povos palestinos; prisões ilegais de pessoas inocentes; ataques noturnos a famílias muçulmanas pobres; campos de detenção desumanos. Essas políticas de guerra e os crimes de guerra voltaram para sugar o que resta da alma democrática dos Estados Unidos.

Durante os governos Obama e Trump, todos os dias os Estados Unidos estiveram em guerra com pelo menos cinco países muçulmanos. Os médicos vencedores do prêmio Nobel de responsabilidade social estimam que matamos cerca de 1 milhão de pessoas no Iraque; 220 mil no Afeganistão; e 80 mil no Paquistão. O ganhador do Nobel da paz Barack Obama lançou 26 171 bombas durante seu último ano no cargo — mas não disse uma palavra a respeito dos 550 bebês palestinos mortos por aviões israelenses apoiados pelos Estados Unidos em cinquenta dias em Gaza! O colapso do império é um lembrete de que colhemos o que plantamos — o dinheiro gasto com bombas lançadas no exterior (como na Somália, no Iêmen e na Síria) resulta em escolas decrépitas, moradias indecentes, desemprego e regimes de encarceramento em massa em casa. Tanto Obama quanto Trump apoiaram instituições militares cujo objetivo é manter o "domínio total" em terra e no mar ou no ar, no espaço sideral e no ciberespaço. Como observa o vencedor do Pulitzer John W. Dower em *The Violent American Century* (2017), o orçamento anual do nosso Pentágono é maior do que o dos próximos oito países combinados, e os que mais lucram com a guerra são os maiores fornecedores de armas em todo o mundo, responsáveis por quase metade de todas as transferências de armas ao redor do planeta. Além disso, temos 4855 bases, incluindo 587 no exterior, em 42 países, e forças de operação especial implantadas em 150 países.

O poderio militar do império norte-americano — que, de acordo com a Common Dreams, gasta 53 centavos de cada dólar do contribuinte — lança uma grande sombra sobre nossa vida doméstica. Força bruta, violência crua e identidade machista são glamourizadas em nossa cultura popular, glorificadas em nossa história (como em nosso mito popular da fronteira como um lugar de regeneração moral por meio da conquista de selvagens) e comercializadas como a forma mais eficaz para vencer na vida, na política, nas finanças e no amor. Dessa forma, o colapso do império e o apagão espiritual são inseparáveis. E, neste ponto, questões de raça e questões de império são indivisíveis.

O contra-ataque profético mais tradicional no império norte-americano é a luta pela liberdade dos negros. A maior fortaleza moral e espiritual no império norte-americano é a tradição musical negra. W. E. B. Du Bois, Malcolm X, Ida B. Wells-Barnett, Martin Luther King Jr., James Baldwin, Audre Lorde, Ella Baker, Victoria Garvin, Barbara Ransby, Angela Davis, Robin D. G. Kelley, bell hooks, Amiri Baraka, Lorraine Hansberry, Haki Madhubuti, Maulana Karenga e outros representam o melhor da luta pela liberdade negra. John Coltrane, Duke Ellington, Count Basie, Louis Armstrong, Sarah Vaughan, Billie Holiday, Aretha Franklin, Mary Lou Williams, Charlie Parker, Geri Allen, Curtis Mayfield, James Brown, Mahalia Jackson, Thelonious Monk, The Dramatics, B. B. King e muitos outros representam o melhor da tradição musical negra. A excelência artística no que há de melhor na música negra — incluindo a magnanimidade do som — define os padrões para a luta pela liberdade dos negros. Esses padrões consistem na liberdade radical no amor e no amor radical na liberdade — a liberdade de dizer a verdade no amor por si próprio e pelo mundo, e o amor que existe na verdade quando alguém fala e vive livremente.

A referência que distingue a música negra é a *kenosis* comovente — os corajosos e solidários tipos de um esvaziamento genuíno que tem a intenção de doar-se por completo para empoderar, habilitar e enobrecer os outros. Ainda segundo essa metáfora, os maiores músicos negros e os maiores defensores da liberdade negros são *a verdade*, no sentido de que personificam e colocam em prática um amor radical (especialmente por um povo que não é amado) doando tudo o que são e têm para inspirar e encorajar os outros. A condição da verdade é permitir que o sofrimento fale, e a condição de ser a verdade é transformar o seu sofrimento com grande criatividade e compaixão em formas e ações que empoderem os outros. Portanto, em face de todos os tipos de morte — social, cívica, psíquica, física ou espiritual —, escolhemos o desejo de vida, amor e riso. Diante dos tipos de dogma — doutrina, preconceito, método ou ideologia —, escolhemos a luta dialógica e a comunicação polifônica (a elevação de todas as vozes — não o eco). E diante da dominação — império, supremacia branca, patriarcado, capitalismo, homofobia, transfobia — escolhemos o autorrespeito, a autodefesa e a autodeterminação de pessoas, comunidades e sociedades.

A característica mais triste das questões raciais, morais e espirituais em nossos dias é que o colapso do império e o apagão espiritual se infiltraram, permearam e, de certa forma, devastaram as tradições musicais e de liberdade negras. E como essas tradições são parte fundamental do fermento profético do pão da democracia norte-americana, nossa época se tornou ainda mais sombria. A tentativa neoliberal indiscriminada de sabotar e capturar o melhor da luta pela liberdade negra e da tradição musical é estarrecedora. O espetáculo triunfa sobre o conteúdo espiritual; a imagem, sobre a imaginação moral; o dinheiro, sobre a missão política; a carreira, sobre a vocação sacrificial; a profissão, sobre a vocação visionária; e o sucesso, sobre a grandeza genuína. Então, assim como os negros pobres, tão valorosos, foram esmagados pelo capitalismo predatório, nossa classe profissional negra mudou de um discurso sobre a pobreza para um discurso sobre a diversidade. Assim como os trabalhadores negros são expulsos de empregos e bairros, nossos políticos negros deixaram de falar sobre salário-mínimo para falar sobre zonas urbanas de gentrificação e ascensão social. Assim como os departamentos de polícia têm como alvo os jovens negros e as jovens negras por meio de artifícios como o *"stop-and-frisk"* e o *"three strikes you're out"*,* as elites negras abandonaram o discurso da responsabilidade civil e comunitária da polícia e adotaram o das políticas de militarização dos departamentos de polícia e da criminalização da juventude negra pobre. Dessa forma, a classe média e empresarial negra deve assumir a responsabilidade pelas muitas vezes em que se mostrou insensível e indiferente em relação a seus cidadãos negros pobres e da classe trabalhadora. Já na esfera musical, os oligarcas — ao lado de seus assistentes negros — das gravadoras, do audiovisual, do rádio e da indústria dos shows muitas vezes "achataram" a música em nome dos lucros, substituíram artistas de grupos românticos por nomes conhecidos que buscam a fama a qualquer custo e produziram estereótipos perversos de mulheres, homens e pessoas LGBTQ com a justificativa da busca por "autenticidade". Esse terrível ataque à tradição musical negra é uma forma de guerra espiritual neoliberal, um golpe do mercado à alma do povo negro. A mensagem comum à política, à cultura ou ao cerne dos regimes neoliberais é esta: venda sua alma por uma quinquilharia (espetáculo, imagem, dinheiro, status), então pose e aja como se você fosse ou defendesse o amor mártir e a liberdade verdadeira. Não sejamos enganados; essa mensagem é a sentença de morte da luta pela liberdade negra e da tradição musical negra. Não pode haver falsificações,

---

* Respectivamente, prática da polícia de Nova York de revistar pessoas a qualquer momento (ainda que não tenham agido de forma suspeita), e conjunto de leis estaduais que aplicam penas rigorosas a criminosos reincidentes. (N. T.)

imitações baratas ou mentiras no meio musical negro e na luta pela liberdade — há muito em jogo.

O Movement for Black Lives [Movimento pelas Vidas Negras] é um grande sinal de esperança. É um esforço coletivo exemplar para trazer de volta a luta profética em nosso momento sombrio de colapso imperial e apagão espiritual. A visão profética e as análises sociais do Movimento pelas Vidas Negras começam com os mais vulneráveis, como as pessoas LGBTQ sujeitas a trauma e terror em massa. Dessa forma, o terror e o trauma sofridos pelas pessoas em Gaza, no Iraque, no Paquistão, no Iêmen e na Índia (especialmente os povos dalit) são inseparáveis do trauma e do terror em Baltimore, Ferguson, Oakland e Chicago. Essa conexão íntima de questões raciais e império é destacada na poderosa plataforma programática do Movimento pelas Vidas Negras, que reúne mais de cinquenta organizações, incluindo figuras como Charlene Carruthers, Alicia Garza, Opal Tometi, Patrisse Cullors, Umi Selah, Nyle Fort, o reverendo Osagyefo Sekou, Tef Poe e muitos outros. Essa plataforma visionária conecta questões cruciais da pobreza, escolas públicas de qualidade, programas de empregos sérios, sistema de saúde universal, departamentos de polícia desmilitarizados, reparações e forte solidariedade com as lutas dos camponeses na América Latina, curdos na Turquia, trabalhadores na África e na Ásia, Palestinos em Israel e os dalits na Índia.

Outro sinal de esperança é o reverendo William J. Barber II, a figura que mais se assemelha a Martin Luther King Jr. em nosso tempo. Suas iniciativas Moral Monday e Poor People's Campaign representam — ao lado de pessoas como o padre Michael Pfleger e seu grande ministério na igreja de Santa Sabina, em Chicago, a reverenda Katie M. Ladd na Igreja Metodista Unida Queen Anne, em Seattle, e o reverendo Michael McBride no Way Christian Center, em Berkeley, na Califórnia — a última esperança para o cristianismo profético nos Estados Unidos.

Assim como o Movimento pelas Vidas Negras, a mobilização das mulheres no Oito de Março de 2017 foi um grande sinal de esperança, quebrando a hegemonia neoliberal da Marcha Feminina de 21 de janeiro de 2017 sobre o rótulo "feminista". Em total contraste com o feminismo corporativo que estava em alta, a mobilização das mulheres de Oito de Março pôs questões de classe, questões de gênero e questões LGBTQ no centro das questões raciais e do império. Locais de trabalho nos Estados Unidos e na América Latina foram fechados, e a homofobia e a transfobia passaram a estar no centro de qualquer visão e análise feminista séria — ao lado do capitalismo predatório e do imperialismo.

O momento histórico de Standing Rock, em que as nações indígenas se uniram em uma luta por terras sagradas, por autorrespeito e por controle dos recursos, foi outro grande sinal de esperança. Essa reunião monumental de povos indígenas — ecos dos esforços de Touro Sentado e das batalhas de Wounded Knee — fundiu questões raciais e de império com questões relativas ao solo. Veteranos militares e ativistas deficientes de todas as origens, ao lado de ativistas ecológicos, uniram-se para impedir que as empresas capitalistas de gasodutos invadissem e colonizassem terras sagradas. Na verdade, a crescente coalizão — ou trabalho de solidariedade — de mobilizações ecológicas lideradas por Bill McKibben e Naomi Klein, com pessoas não brancas aqui e ao redor do mundo, é um baluarte de esperança.

O tipo de trabalho contundente do Black Agenda Report — de Glen Ford, Margaret Kimberly, Bruce Dixon, Nellie Bailey, Ajamu Baraka e Danny Haiphong — ajudou a manter viva a tradição negra radical durante a gestão Obama no que diz respeito à celebração negra e ao sacrifício. A integridade intelectual do falecido grande Cedric Robinson, a pesquisa exaustiva de Gerald Horne e o brilhantismo de Adolph Reed Jr. são três fontes de inspiração em um momento de *wanderlust* acadêmico negro. A longevidade do grande James Cone — o maior teólogo da libertação a emergir do império norte-americano — continua sendo um modelo para qualquer conversa sobre questões raciais em nosso tempo. E as palavras de Mumia Abu-Jamal, Chris Hedges, Bill Ayers, Henry Giroux, Roxanne Dunbar-

-Ortiz e Paul Street — muitas vezes acessíveis através dos programas de TV e rádio *Democracy Now!*, de Amy Goodman — testemunham seriamente a política revolucionária hoje.

Há um equilíbrio delicado entre preservar uma perspectiva crítica e ao mesmo tempo ter acesso às instituições acadêmicas — como as bolsas de estudos de figuras como Imani Perry, Farah Jasmine Griffin, Eddie Glaude, Jeff Stout, Paul Taylor, Matthew Briones, Julius Bailey, David Kim, Tricia Rose, Fred Moten, Lucius Outlaw, Tommy Curry, Keeanga-Yamahtta Taylor, Kimberlé Williams Crenshaw, Lawrence Bobo, Tommy Shelby, Michelle Alexander e Brandon Terry. O reitor da instituição acadêmica negra — Henry Louis Gates Jr., da Universidade Harvard — assim como o ministro Louis Farrakhan, Malik Zulu Shabazz, o professor Robert George, de Princeton, e Carl Dix, do Partido Comunista Revolucionário, são irmãos queridos, apesar de divergências ideológicas.

Já que o fogo profético aceso pela esperança foi tão abafado pela tagarelice neoliberal sobre esperança, prefiro ser uma esperança a falar sobre esperança. Ser esperança é estar em movimento, com o corpo em jogo, a mente voltada para a liberdade, a alma cheia de coragem e o coração repleto de amor. Ser esperança é forjar fortaleza moral e espiritual, vestir uma armadura intelectual e estar disposto a viver e morrer para dar poder aos miseráveis da terra.

Questões raciais no século XXI são parte de uma guerra moral e espiritual por recursos, poder, almas e sensibilidades. Diante da prática de guerra norte-americana — derrotar, destruir, devastar —, tenho a luta pela liberdade dos negros e a tradição musical negra. Eu também tiro dos ricos recursos das comunidades LGBTQ, do movimento feminista, das lutas dos povos indígenas, da justiça ambiental e de outras comunidades deficientes, e dos direitos dos imigrantes e das organizações anti-imperialistas. Essa prática moral e espiritual de guerra — lembrança, reverência e ressurreição — produz um amor radical e uma práxis revolucionária. Lembramos as grandes figuras e os movimentos visionários e exemplares. Essas memórias preciosas concentram nossa atenção em coisas que realmente importam — não espetáculo, imagem, dinheiro e status, mas integridade, honestidade, dignidade e generosidade. Esse foco nos localiza e nos situa em uma longa tradição de guerreiros do amor — não apenas profissionais sofisticados ou celebridades extravagantes, mas pessoas valentes e defensoras da verdade que se apaixonaram pela busca por justiça, liberdade e beleza. E todo grande amor — como "A Love Supreme", de John Coltrane — é capaz de fazer ressuscitar. Todo grande amor transforma a morte em uma nova vida, vira seu mundo de cabeça para baixo, destrói a insensibilidade e a indiferença, liberta você para tratar as pessoas de maneira mais decente e humana e o convida a escolher uma vida de luta com estilo e sorriso no rosto, e dar de comer aos vermes quando acabar nosso tempo no mundo sob a recepção calorosa de "Eu vivi, amei, ri e caí balançando como Muhammad Ali e Ella Fitzgerald!".

INTRODUÇÃO

> *Desde os primórdios da nação, os norte-americanos brancos vêm sendo acometidos por uma profunda incerteza íntima quanto a quem realmente são. Uma das maneiras adotadas para simplificar a resposta tem sido valer-se da presença dos norte-americanos negros, usando-a como um indicador, um símbolo dos limites, uma metáfora para o "forasteiro". Muitos brancos podiam observar a posição social dos negros e sentir que a cor proporcionava um aferidor simples e confiável para determinar em que medida a pessoa era ou não americana. Talvez por isso, um dos primeiros epítetos aprendidos por muitos imigrantes europeus ao desembarcar tenha sido o termo pejorativo* nigger *— esse termo os fazia sentir-se americanos instantaneamente. Mas essa é uma mágica capciosa. Apesar da diferença racial e do status social, havia nos negros algo indisputavelmente americano que não apenas suscitava dúvidas acerca do sistema de valores do homem branco mas também despertava a perturbadora suspeita de que, não importa o que mais seja o verdadeiro norte-americano, ele é também, de algum modo, negro.*
>
> Ralph Ellison, "What America Would Be Like without Blacks", 1970

O QUE ACONTECEU EM LOS ANGELES em abril de 1992 não foi um conflito racial nem um levante de classes. Na verdade, essa monumental sublevação foi uma demonstração de fúria social justificada, que transcendeu os limites de raça e classe e na qual predominaram os participantes do sexo masculino. A despeito do ignominioso ressentimento xenófobo, do clima de baderna de adolescentes e do comportamento inequivocamente bárbaro, essa comoção social expressou o sentimento de impotência que assola a sociedade norte-americana. As loquazes tentativas de reduzir seu significado às patologias da classe negra marginalizada, a ações criminosas de arruaceiros ou à revolta política das massas urbanas oprimidas erram de longe o alvo. Entre os que foram detidos, apenas 36% eram negros, mais de um terço tinha emprego em período integral e a grande maioria declarou-se avessa à filiação política. O que testemunhamos em Los Angeles foi consequência de uma letal combinação de declínio econômico, decadência cultural e letargia política na vida norte-americana. A raça foi o catalisador visível, e não a causa subjacente.

É difícil compreender o significado dos tempestuosos eventos de Los Angeles, pois a maioria de nós permanece tolhida pela exígua estrutura das concepções liberais e conservadoras sobre a questão racial nos Estados Unidos, as quais, com seu vocabulário cediço, debilitam nosso intelecto, aniquilam nossa autoridade moral e deprimem nosso ânimo. A espantosa ausência de menções a esse evento no debate público evidencia o quanto é penoso e confrangedor um comprometimento sério com a questão racial. Nossos truncados diálogos sobre o problema racial omitem o melhor de quem e do que somos enquanto pessoas, pois não abordam a complexidade da questão de modo franco e crítico. A previsível contenda entre liberais e conservadores, entre os democratas que defendem os programas de auxílio governamental aos desfavorecidos e os republicanos adeptos da livre iniciativa reforça o provincianismo intelectual e a paralisia política.

A ideia liberal de que mais programas governamentais podem resolver os problemas raciais é simplista — justamente por enfocar apenas a dimensão econômica. E a opinião conservadora de que o necessário mesmo é a mudança na conduta moral dos negros pobres habitantes das áreas urbanas (sobretudo os homens, que, segundo afirmam esses conservadores, deveriam permanecer casados, sustentar os filhos e parar de cometer tantos crimes) ressalta ações imorais enquanto deixa de levar em consideração a responsabilidade pública pelas circunstâncias imorais que perseguem nossos concidadãos.

O denominador comum a essas concepções sobre a questão racial é o fato de que cada uma delas ainda encara as pessoas negras como "pessoas-problema", nas palavras de Dorothy I. Height, presidente do Conselho Nacional das Mulheres Negras, em vez de as olhar como cidadãos norte-americanos com problemas. Essas palavras fazem eco à pungente "pergunta que não é feita", de W. E. B. Du Bois, que escreveu em *As almas da gente negra* (1903):

> Eles se aproximam de mim com um jeito meio hesitante, olham-me com curiosidade ou compaixão e então, em vez de dizer diretamente "Como é sentir-se um problema?", eles dizem "Conheço um excelente homem de cor em minha cidade". [...] Esses ultrajes sulistas não fazem seu sangue ferver? Quando eles acontecem, sorrio, demonstro interesse ou controlo um pouco a fervura, conforme exija a ocasião. A verdadeira pergunta, "Como é sentir-se um problema?", eu raramente respondo.

Quase um século mais tarde, restringimos as discussões sobre a questão racial nos Estados Unidos aos "problemas" que os negros representam para os brancos, em vez de ponderar a respeito do que esse modo de ver os negros revela sobre nós enquanto nação.

Essa estrutura imobilizadora incentiva os liberais a aliviar sua consciência culpada apoiando os fundos públicos destinados aos "problemas"; porém, ao mesmo tempo, relutantes em dirigir críticas fundamentadas aos negros, os liberais negam a eles a liberdade de errar. Analogamente, os conservadores atribuem os "problemas" aos próprios negros — e com isso tornam sua miséria social invisível ou indigna da atenção pública.

Em consequência, para os liberais, os negros devem ser "incluídos" e "integrados" em "nossa" sociedade e cultura, ao passo que, para os conservadores, eles devem ser "bem-comportados" e "dignos de aceitação" por "nosso" modo de vida. Em ambos os casos, não se percebe que a presença e as dificuldades dos negros não são adições nem deserções na vida norte-americana, e sim *elementos constituintes dessa vida*.

Para abordar com eficácia a questão racial nos Estados Unidos, precisamos começar não pelos problemas dos negros, mas pelas imperfeições da sociedade norte-americana — imperfeições que têm suas raízes em desigualdades históricas e em estereótipos culturais há muito existentes. A maneira como estabelecemos os termos para debater os problemas raciais determina nossa percepção e reação a eles. Enquanto os negros são vistos como "eles", recai-lhes o ônus de todo o trabalho "cultural" e "moral" que deve ser feito a fim de obter relações raciais sadias. A implicação disso é que apenas certos norte-americanos podem definir o que significa ser norte-americano — e o resto deve "adequar-se", simplesmente.

A emergência de fortes sentimentos de nacionalismo negro, sobretudo entre os jovens, constitui uma revolta contra essa ideia de precisar "adequar-se". A variedade de ideologias nacionalistas negras, das opiniões moderadas do juiz da Suprema Corte Clarence Thomas quando jovem às de Louis Farrakhan em nossos dias, assenta sobre uma verdade fundamental: a América branca foi historicamente vacilante em garantir a justiça racial, e continua a resistir à aceitação plena da humanidade dos negros. Enquanto os duplos critérios e o tratamento diferenciado predominarem — enquanto rappers como Ice-T forem severamente condenados ao mesmo tempo que comentários contra os negros como o do ex-chefe de polícia de Los Angeles Daryl F. Gates forem recebidos com respeitoso silêncio, enquanto afirmações sobre o antissemitismo como as do dr. Leonard Jeffries despertarem cáusticas reações de ultraje em contraste com a polida resposta ao antissemitismo do candidato à presidência Patrick J. Buchanan —, enquanto coisas como essas continuarem ocorrendo, os nacionalismos negros florescerão.

O afrocentrismo, espécie contemporânea de nacionalismo negro, representa uma corajosa porém mal orientada tentativa de definir uma identidade africana em meio a uma sociedade branca percebida como hostil. É corajosa porque coloca no centro da discussão a conduta e os sofrimentos dos negros, e não as preocupações e os medos dos brancos. É mal orientada porque fortalece os debates limitados sobre a questão racial, em razão do medo da hibridez cultural, do silêncio sobre o problema racial, das ideias retrógradas acerca das mulheres negras e dos homens e mulheres homossexuais e, por fim, da relutância em associar a questão racial ao bem comum.

Para estabelecer uma nova estrutura, precisamos começar com o franco reconhecimento da condição básica de seres humanos e norte-americanos inerente a cada um de nós. E temos de admitir que como um povo — dentre tantos outros — movemo-nos em uma ladeira escorregadia em direção ao conflito econômico, à turbulência social e ao caos cultural. Se a descermos, desceremos juntos. O quebra-quebra de Los Angeles forçou-nos a perceber não só que não estamos conectados do modo como gostaríamos, mas também, em um sentido mais profundo, que o fracasso em conseguir tal conexão nos prende uns aos outros com força ainda maior. O paradoxo racial nos Estados Unidos é o fato de que nosso destino comum se torna mais evidente e ameaçado exatamente quando nossas divisões são mais profundas. A Guerra Civil e seu legado têm nisso boa parte da responsabilidade. E nossas divisões estão se ampliando. Hoje em dia, 86% dos norte-americanos brancos que moram nos bairros suburbanos vivem em áreas com menos de 1% de habitantes negros, o que significa que as perspectivas do país dependem em boa parte do modo como suas cidades serão tratadas nas mãos do eleitorado suburbano. Não há escapatória para nossa interdependência racial e, no entanto, a hierarquia racial vigente nos condena, enquanto nação, à paranoia e à histeria coletiva — a ruína de qualquer ordem democrática.

A grande maioria dos norte-americanos percebeu o erro no veredicto do caso Rodney King, que desencadeou os incidentes de Los Angeles. Contudo, os brancos muitas vezes deixam de reconhecer os maus-tratos generalizados dispensados pelos agentes da lei aos negros, especialmente os do sexo masculino, e isso contribuiu para acender a fagulha. O veredicto foi apenas o ensejo para que uma ira fortemente arraigada viesse à superfície. Essa ira é alimentada pela depressão "silenciosa" que assola o país — na qual os ganhos semanais reais de todos os trabalhadores norte-americanos desde 1973 tiveram uma queda de quase 20%, enquanto a riqueza foi redistribuída, concentrando-se nas camadas mais privilegiadas.

O êxodo dos empregos industriais estáveis dos centros urbanos para mercados de trabalho mais baratos no país e no exterior, as políticas habitacionais criadoras de "cidades de chocolate e subúrbios de baunilha" (na memorável frase do músico George Clinton), o medo que os brancos têm da criminalidade dos negros e o afluxo de imigrantes pobres de países de língua espanhola e da Ásia para as regiões urbanas — todos esses são fatores que contribuíram para a erosão da base tributária das cidades norte-americanas, justamente quando o governo federal cortou subvenções e programas a elas destinados. O resultado é o desemprego, a fome, a falta de moradia e a doença para milhões de pessoas.

E cresce o difuso empobrecimento espiritual. O colapso do sentido da vida — o eclipse da esperança e a ausência do amor por si mesmo e pelos outros, a ruptura da família e dos laços de vizinhança — conduz ao desenraizamento social e ao despojamento cultural dos habitantes das áreas urbanas, especialmente as crianças. Criamos pessoas sem raízes, inconstantes, pouco ligadas às redes de apoio que fundamentam algum sentimento de propósito na vida — a família, os amigos, a escola. Assistimos ao colapso das comunidades espirituais que, no passado, ajudaram os norte-americanos a enfrentar o desespero, a doença e a morte, e que transmitem através das gerações a dignidade e a decência, a excelência e a elegância.

O resultado são vidas dominadas pelo que poderíamos chamar de "agoras aleatórios", momentos fortuitos e fugazes em que a preocupação é "sair-se bem" — obter prazer, bens e poder por qualquer meio que se faça necessário. (Não foi isso o que Malcolm X quis dizer com sua famosa frase.) A cultura pós-moderna constitui cada vez mais uma cultura de mercado, dominada pelas mentalidades das gangues e pela licenciosidade autodestrutiva. Somos todos engolfados por essa cultura — mas seu impacto sobre os desfavorecidos é devastador, provocando extrema violência na vida cotidiana. A violência sexual contra as mulheres e os ataques homicidas que os jovens negros desferem uns contra os outros são apenas os sinais mais evidentes dessa busca vazia do prazer, da propriedade e do poder.

Finalmente, essa fúria é nutrida pelo clima político, em que predominam as imagens e não as ideias, e no qual os políticos gastam mais tempo angariando fundos do que debatendo sobre os problemas. As funções dos partidos foram substituídas pelas pesquisas eleitorais, e os políticos comportam-se agora menos como termostatos que determinam o clima das opiniões e mais como termômetros que registram o ânimo do público. A política norte-americana foi sacudida por uma avalanche de ganância entre os administradores públicos oportunistas — que seguiram os passos de seus colegas do setor privado, no qual se registrou que, a partir de 1989, 1% da população detém 37% da riqueza e 10% controla 86% — e o resultado disso foi o profundo ceticismo e pessimismo dos cidadãos.

E considerando o modo como desde 1968 o Partido Republicano apela para as imagens xenófobas das massas — usando os trunfos dos negros, das mulheres e dos homossexuais de modo a reagrupar o eleitorado segundo as linhas de raça, sexo e orientação sexual —, não surpreende que a ideia de que "somos todos parte da mesma malha do destino" tenha caído em descrédito. Os apelos aos interesses particulares em detrimento dos interesses públicos reforçam essa polarização. O tumulto de Los Angeles foi uma expressão da total fragmentação dos cidadãos impotentes, nos quais se incluem não só os pobres, mas todos nós.

* * *

O que deve ser feito? Como conquistar um novo espírito e a visão necessária para enfrentar os desafios da cidade pós-industrial, da cultura pós-moderna e da política pós-partidária?

Antes de mais nada, temos de reconhecer que as fontes mais preciosas de ajuda, esperança e poder encontram-se em nós mesmos e em nossa história comum. Como nas épocas de Lincoln, Roosevelt e Martin Luther King Jr., precisamos atentar para novas estruturas e linguagens a fim de compreender nossa crise multifacetada e superar o profundo mal que nos aflige.

Em segundo lugar, precisamos concentrar a atenção sobre a esfera pública — o bem comum que alicerça nosso destino nacional e global. A vitalidade da esfera pública depende, em último caso, do grau de importância que atribuímos à qualidade de nossas vidas em conjunto. A negligência com respeito à infraestrutura de serviços públicos, por exemplo — rede de água e esgoto, pontes, túneis, rodovias, metrô e ruas —, reflete não só nossas políticas econômicas míopes, que impedem a produtividade, mas também a pouca prioridade que damos à nossa vida em comum.

As trágicas dificuldades enfrentadas por nossas crianças revelam nosso profundo descaso pelo bem-estar público. Aproximadamente uma em cada cinco crianças nos Estados Unidos vive na pobreza; entre estas, uma em cada duas são crianças negras e duas em cada cinco são de origem hispânica. A maioria de nossas crianças — tratadas com negligência por pais sobrecarregados e bombardeadas pelos valores de mercado das grandes companhias famintas de lucro — é mal preparada para levar uma vida espiritual e cultural de boa qualidade. Diante desses fatos, como podemos esperar algum dia constituir uma sociedade vigorosa?

Um passo essencial consiste em alguma forma de intervenção governamental em grande escala para garantir o acesso aos bens sociais básicos — habitação, alimentação, assistência médica, educação, creches e empregos. Precisamos revigorar o bem comum com uma combinação inédita de ações do governo, das empresas e dos trabalhadores. Depois de um período em que se sacralizou a esfera privada e se destripou o setor público, a tentação agora é fazer deste último um fetiche. Temos de resistir a oscilações dogmáticas desse tipo.

Por fim, o principal desafio é atender à necessidade de gerar uma nova liderança. A escassez de líderes corajosos — tão patente na reação aos eventos de Los Angeles — torna imperioso procurarmos além das elites e vozes de sempre, que reciclam as velhas estruturas. Precisamos de líderes — nem santos, nem esfuziantes personalidades da televisão — que sejam capazes de situar-se em uma narrativa histórica mais ampla do país e do mundo, de compreender a complexa dinâmica de nosso povo e de imaginar um futuro assentado sobre o melhor de nosso passado, mas que estejam, ao mesmo tempo, sintonizados com os aterradores obstáculos que nos desorientam. Nossos ideais de liberdade, democracia e igualdade devem ser evocados para nos revigorar, especialmente os que não têm terra, propriedade e sorte. Apenas uma liderança visionária capaz de motivar "os melhores anjos de nossa natureza", nas palavras de Lincoln, e de ativar possibilidades de um país mais livre, mais eficiente e estável — apenas essa liderança merece ser cultivada e apoiada.

A nova liderança tem de se fundamentar em uma organização com origem no povo, que ressalte a responsabilidade democrática. Sejam quem forem os nossos líderes ao nos aproximarmos do século XXI, seu desafio será ajudar os norte-americanos a determinar se uma genuína democracia multirracial pode ser criada e mantida em uma era de economia global e em um momento de arrebatamento xenófobo.

Rezemos e esperemos que não nos falte a vasta inteligência, imaginação, humor e coragem dos norte-americanos. Ou aprendemos uma nova linguagem de empatia e solidariedade, ou o fogo, desta vez, nos consumirá a todos.

1. NIILISMO NA AMÉRICA NEGRA

> *Nós, negros, nossa história e nossa presente existência, somos o espelho de todas as múltiplas experiências dos Estados Unidos. O que desejamos, o que representamos, o que suportamos, isso é o que os Estados Unidos são. Se nós, negros, perecermos, os Estados Unidos perecerão. Se o país esqueceu seu passado, que olhe no espelho de nossa consciência e verá o passado vivo no presente, pois nossas lembranças remontam — por meio de nossa gente negra de agora, das recordações de nossos pais negros e das histórias dos tempos da escravidão contadas por nossos avós negros — à época em que nenhum de nós, negro ou branco, vivia nesta terra fértil. As diferenças entre negros e brancos não são de sangue ou cor, e os laços que nos unem são mais fortes do que os que nos separam. O caminho comum da esperança que todos nós percorremos conduziu-nos para um parentesco mais estreito do que todas as palavras, leis ou reivindicações legais.*
> Richard Wright, *12 Million Black Voices*, 1941

OS DEBATES RECENTES acerca das dificuldades dos afro-americanos — sobretudo os que se encontram na base da escala social — tendem a dividir-se em dois campos. De um lado está quem salienta as restrições *estruturais* às oportunidades de vida dos negros. Esse ponto de vista encerra uma sutil análise histórica e sociológica da escravidão, da segregação dos negros, da discriminação no emprego e na habitação, das taxas de desemprego díspares, da assistência médica inadequada e da instrução de má qualidade. Do outro lado estão os que ressaltam os obstáculos que o *comportamento* dos negros impõe à sua mobilidade ascendente, enfatizando o enfraquecimento da ética protestante — trabalho árduo, adiamento das recompensas, frugalidade e responsabilidade — em boa parte da América negra.

Quem se coloca no primeiro desses campos — os "estruturalistas liberais" — reivindica programas objetivando o pleno emprego, a assistência médica, a educação e a assistência à infância, além de amplas práticas de correção dos efeitos da discriminação no emprego e na habitação (os chamados "programas de ação afirmativa", que procuram garantir o acesso das minorias ao trabalho e à habitação). Em suma, uma nova e mais realista versão das medidas econômicas e sociais mais louváveis estabelecidas pelo New Deal e pelo Programa para uma Grande Sociedade, este último implementado no governo do democrata Lyndon Johnson: mais dinheiro do governo, melhores burocratas e cidadãos ativos. Os do segundo campo — os "behavioristas conservadores" — incentivam programas que promovem a iniciativa pessoal, a expansão das empresas cujos proprietários são negros e as práticas de emprego que não privilegiam as minorias. Apoiam estratégias vigorosas de "livre mercado", que dependem de mudanças fundamentais no modo como os negros agem e vivem. Em outras palavras: seus projetos têm por base, em boa medida, um revivescimento cultural da ética protestante na América negra.

Infelizmente, esses dois campos quase sufocaram o debate crucial que precisaria estar ocorrendo sobre as perspectivas da América negra. Esse debate deve ir muito além das posições liberais e conservadoras, de três maneiras fundamentais. Primeiro, temos de reconhecer que as estruturas e o comportamento são inseparáveis, que as instituições e os valores caminham de mãos dadas. A maneira como as pessoas agem e vivem é moldada — embora de modo algum ditada ou determinada — pelas circunstâncias mais amplas que as cercam. Tais circunstâncias podem ser alteradas e seus limites atenuados por ações positivas visando à melhora das condições de vida.

Em segundo lugar, devemos rejeitar a ideia de que as estruturas são, acima de tudo, entes econômicos e políticos — ideia essa que vê a cultura como um conjunto efêmero de atitudes e valores pertinentes à esfera do comportamento. A cultura é uma estrutura, tanto quanto a economia ou a política; fundamenta-se em instituições como as famílias, escolas, igrejas, sinagogas, mesquitas e indústrias da comunicação (televisão, rádio, vídeo, música). Analogamente, a economia e a política não apenas são influenciadas pelos valores, mas também promovem ideias culturais específicas sobre o que representa uma boa vida e uma boa sociedade.

Em terceiro lugar, e o mais importante, precisamos sondar as profundezas nas quais liberais e conservadores não ousam penetrar: as turvas águas da desesperança e do medo que hoje inundam as ruas da América negra. Uma coisa é falar a respeito das lamentáveis estatísticas de desemprego, mortalidade infantil, detenções, gravidez na adolescência e crimes violentos. Mas outra, muito diferente, é ter a coragem de lidar com o formidável eclipse da esperança, o colapso sem precedentes do significado da vida, o incrível descaso para com a pessoa e a propriedade dos homens (especialmente dos negros) que imperam em boa parte da América negra.

O debate de liberais e conservadores esconde o problema primordial que se coloca hoje à América negra: a ameaça niilista à sua própria existência. Essa ameaça não constitui simplesmente uma questão de carência econômica relativa e de impotência política — muito embora o bem-estar econômico e a influência política sejam requisitos para um progresso significativo dos negros. Ela requer sobretudo que se enfrente o problema, tão generalizado entre os norte-americanos negros, do profundo sentimento de depressão psicológica, de falta de mérito pessoal e de desesperança social.

Os estruturalistas liberais deixam de lidar com essa ameaça por duas razões. Primeiro, seu enfoque sobre as restrições estruturais relaciona-se quase exclusivamente às esferas da economia e da política. Eles não parecem compreender o caráter estrutural da cultura. Por quê? É porque tendem a considerar as pessoas sob os ângulos do egoísmo e do racionalismo, segundo os quais elas são motivadas sobretudo pelo interesse próprio e pela autopreservação. Nem é preciso dizer que isso em parte se aplica a quase todos nós. No entanto, as pessoas, especialmente as rebaixadas e oprimidas, também são ávidas por identidade, por um significado para sua vida e por valorização pessoal.

A segunda razão por que os estruturalistas liberais passam ao largo da ameaça niilista é simplesmente a falta de coragem. Eles hesitam em falar de forma honesta sobre a cultura, o reino dos significados e valores, porque fazê-lo parece conduzir com muita facilidade a conclusões conservadoras, na maneira restrita como os norte-americanos discutem a questão racial. Se existe um tabu oculto entre os liberais, é o de resistir a falar "demais" a respeito dos valores, pois tais discussões deslocam o enfoque dado às estruturas e, sobretudo, obscurecem o papel positivo do governo. Mas essa falha dos liberais deixa de lado as realidades existenciais e psicológicas dos negros. Dessa forma, os estruturalistas liberais negligenciam as identidades destroçadas onipresentes na América negra.

Quanto aos behavioristas conservadores, eles não só são imprecisos ao interpretar a ameaça niilista como, inadvertidamente, contribuem para intensificá-la. Essa é uma acusação grave, que se baseia em várias afirmações. Os behavioristas conservadores falam sobre valores e atitudes como se as estruturas políticas e econômicas não existissem. Eles raramente, ou talvez nunca, examinam os inúmeros casos em que negros de fato agem segundo a ética protestante e ainda assim permanecem na base da escala social. Em vez disso, salientam os poucos exemplos em que negros ascendem ao topo dessa escala, como se o sucesso estivesse ao alcance de todos os negros, sem levar em conta as circunstâncias. Essa adaptação vulgar imposta aos negros dos romances de Horatio Alger, nos quais garotos pobres bem-comportados, esforçados e persistentes sempre acabavam recompensados com a respeitabilidade e o ingresso na classe média, pode servir como fonte de inspiração para alguns — uma espécie de modelo para os que já se encontram no caminho certo. Mas não pode ser usada como substituta para uma séria análise histórica e sociológica das dificuldades e perspectivas de todos os negros, e sobretudo dos que flagrantemente estão em desvantagem.

Os behavioristas conservadores também discutem a cultura negra como se fosse tabu reconhecer a óbvia vitimização dos negros pelas práticas hegemônicas dos brancos (agravadas pelo machismo e pela condição de classe). Dizem aos negros que se considerem agentes, e não vítimas. À primeira vista, esse é um conselho reconfortante, um simpático chavão para os oprimidos. Mas lemas inspiradores não podem substituir a análise histórica e social. Embora os negros nunca tenham sido apenas vítimas, chafurdando na autopiedade e implorando migalhas dos brancos, eles foram — e ainda são — *vitimados*. Portanto, conclamar os negros a serem agentes só faz sentido se também examinarmos a dinâmica desse processo pelo qual foram vitimados, contra o qual seus esforços, em parte, serão dirigidos. O que é particularmente ingênuo e singularmente cruel na perspectiva dos behavioristas conservadores é sua tendência a negar os efeitos indeléveis da história dos negros — história essa que é inseparável do processo pelo qual foram vitimados, ainda que não se possa reduzi-la apenas a ele. Dessa maneira, os temas cruciais e indispensáveis da iniciativa própria e da responsabilidade pessoal são alijados do contexto histórico e das circunstâncias contemporâneas — como se tudo não passasse de uma questão de vontade pessoal.

Essa perspectiva a-histórica contribui para a ameaça niilista na América negra porque pode ser usada pelos políticos de direita para justificar cortes nas verbas destinadas a pessoas pobres que lutam por habitação, creche, assistência médica e educação condigna. Como já mencionado, a perspectiva liberal é deficiente em pontos importantes, porém ainda assim os liberais acertam o alvo quando criticam os cortes do governo conservador nos serviços destinados aos pobres. Esses cortes atrozes são uma das causas da ameaça niilista à América negra.

O ponto de partida correto para o crucial debate acerca das perspectivas da América negra é o exame do niilismo que cada vez mais se apodera das comunidades negras. *O niilismo deve ser compreendido aqui não como uma doutrina filosófica segundo a qual não existem fundamentos racionais para normas e autoridade legítimas; ele é, muito mais, a experiência de viver dominado por uma pavorosa falta de propósito, de esperança e (acima de tudo) de amor.* O resultado aterrador é o desligamento e a insensibilidade em relação às outras pessoas e uma índole autodestrutiva em face do mundo. A vida sem significado, sem esperança e sem amor gera uma perspectiva fria e mesquinha, que destrói tanto o próprio indivíduo como os demais.

O niilismo não é algo recente na América negra. O primeiro embate do africano com o Novo Mundo foi o encontro com uma forma característica do Absurdo. A luta inicial dos negros contra a degradação e a desvalorização em sua condição de escravizado no Novo Mundo consistiu, em parte, em uma luta contra o niilismo. De fato, o maior inimigo da sobrevivência do negro na América foi, e ainda é, não a opressão nem a exploração, mas a ameaça niilista — ou seja, a perda de esperança e a ausência de propósito. Isso porque, enquanto a esperança perdura e o significado da vida é preservado, a possibilidade de sobrepujar a opressão permanece viva. A ameaça niilista encerra uma profecia que se cumpre justamente porque foi feita: sem esperança não pode haver futuro; sem propósito não pode haver luta.

Foi um ato de genialidade de nossos e nossas ancestrais criar poderosos anteparos para se precaver contra a ameaça niilista, equipando os negros com uma armadura cultural para rechaçar os demônios da desesperança, da ausência de propósito e da falta de amor. Os anteparos consistiam em estruturas culturais de propósitos e sentimentos, que criavam e sustentavam as comunidades; as armaduras eram as formas de vida e de luta que incorporavam valores de serviço e sacrifício, amor e cuidado, disciplina e excelência. Em outras palavras, as tradições a serviço da sobrevivência e prosperidade dos negros sob as condições geralmente adversas do Novo Mundo representaram importantes barreiras contra a ameaça niilista. Essas tradições compuseram-se sobretudo das instituições religiosas e cívicas dos negros, que sustentaram redes de apoio familiares e comunitárias. Se as culturas são, em parte, o que os seres humanos criam (a partir de fragmentos anteriores de outras culturas) para convencer a si mesmos a não se suicidar, então os ancestrais negros são dignos de aplauso. De fato, até o início da década de 1970, registravam-se entre os norte-americanos negros as mais baixas taxas de suicídio nos Estados Unidos. Hoje em dia, porém, os jovens negros lideram essas estatísticas.

O que mudou? O que deu errado? A amarga ironia da integração? Os efeitos cumulativos de uma conspiração genocida? O possível colapso das expectativas crescentes depois da otimista década de 1960? Nenhum de nós compreende plenamente por que as estruturas culturais que outrora sustentaram a América negra já não são mais capazes de afastar a ameaça niilista. A meu ver, duas razões significativas para que essa ameaça seja agora mais poderosa do que nunca são a saturação das forças de mercado e da mentalidade consumista na vida dos negros e a atual crise na liderança negra. A recente fragmentação, em função do mercado, da sociedade civil negra — famílias, bairros, escolas, igrejas, mesquitas — deixa um número cada vez maior de negros vulnerável a uma vida dominada por um fraco senso de identidade e um frágil arrimo de princípios e laços que amparem sua existência.

Os negros americanos sempre viveram à margem da vida social e política, procurando conquistar um lugar ao sol. No entanto, muitos negros agora vivem em uma selva governada por uma implacável mentalidade consumista, privados da fé na salvação ou da esperança de liberdade. Ao contrário das alegações superficiais dos behavioristas conservadores, essa selva não é basicamente a consequência de um comportamento patológico. Esse comportamento representa a trágica reação de um povo destituído de recursos para enfrentar a máquina da sociedade capitalista norte-americana. Isso não equivale a afirmar que os negros não são responsáveis por seus atos — assassinos e estupradores negros devem ir para a prisão. Mas é preciso reconhecer que a ameaça niilista contribui para o comportamento criminoso. Essa ameaça se nutre da pobreza e da fragmentação das instituições culturais, e seu poder aumenta à medida que enfraquece o arsenal destinado a combatê-la.

Mas por que essa fragmentação da sociedade civil negra está em curso? O que acarretou o enfraquecimento das instituições culturais dos negros nas selvas de asfalto? As instituições do mercado corporativo contribuíram significativamente para esse colapso. Com esse termo, instituições do mercado corporativo, designo o complexo conjunto de empreendimentos interligados detentores de um volume desproporcional de capital e poder, que exercem uma influência preponderante sobre o modo como nossa sociedade é gerida e como nossa cultura é moldada. É mais do que sabido que a motivação primeira dessas instituições é o lucro e que sua estratégia básica consiste em convencer o público a consumir. Essas instituições contribuíram para a criação de um modo de vida sedutor, uma cultura do consumo que se aproveita de toda e qualquer oportunidade para ganhar dinheiro. Os cálculos de mercado e as análises de custo-benefício reinam soberanos em quase todas as esferas da sociedade norte-americana.

O denominador comum desses cálculos e análises é, de modo geral, o fornecimento, a expansão e a intensificação do *prazer*. Este é um termo polivalente; significa coisas diferentes para várias pessoas. No modo de vida norte-americano, prazer quer dizer conforto, comodidade e estímulo sexual. Assim definido, o prazer guarda pouquíssima relação com o passado, e vê no futuro apenas a repetição do presente orientado para o hedonismo. Essa mentalidade dominada pelo mercado estigmatiza as outras pessoas como objetos para o prazer pessoal ou o estímulo físico. Os behavioristas conservadores argumentaram que a moral estabelecida foi arruinada pelas feministas e pelos radicais da cultura da década de 1960. Mas está bem claro que as instituições do mercado corporativo, para continuar a funcionar e ter lucros, tiveram uma contribuição considerável para solapar a moral tradicional. A redução dos indivíduos a objetos de prazer é especialmente clara nas indústrias da cultura — televisão, rádio, vídeo, música —, que inundam o mercado com demonstrações de carícias sexuais e prazer orgiástico. Como todos neste país, os afro-americanos são bastante influenciados pelas imagens de conforto, comodidade, machismo, feminilidade, violência e estimulação sexual com que os consumidores são bombardeados. Essas imagens sedutoras contribuem para o predomínio do modo de vida inspirado pelo mercado, em detrimento de todos os outros; com isso, tiram de circulação os valores, transmitidos pelas gerações passadas, que não servem aos interesses do mercado — o amor, o cuidado, o trabalho em benefício dos outros. O predomínio desse modo de vida entre os que vivem na pobreza, cuja capacidade para se preservar contra o desprezo e o ódio por si próprios é limitada, resulta no possível triunfo da ameaça niilista que paira sobre a América negra.

Uma importante estratégia empregada hoje em dia para manter distante a ameaça niilista é o ataque direto contra o sentimento de inutilidade e autodesprezo que impera na América negra. Esse sentimento generalizado de angústia quase neurótica assemelha-se a um tipo de depressão clínica coletiva e tem sido observado em grupos relevantes da América negra. O eclipse da esperança e o colapso do sentido da vida para a maioria dos americanos negros estão associados à dinâmica estrutural das instituições do mercado corporativo, que afeta todos os norte-americanos. Sob tais circunstâncias, a angústia existencial dos negros deriva da experiência das feridas ontológicas e cicatrizes emocionais infligidas pelas crenças hegemônicas dos brancos e pelas imagens que impregnam a sociedade e a cultura nos Estados Unidos. Essas crenças e imagens atacam incessantemente a inteligência, o talento, a beleza e o caráter dos negros, de várias maneiras, algumas sutis e outras nem tanto. O romance *O olho mais azul*, de Toni Morrison, por exemplo, revela o efeito devastador dos difusos ideais europeus de beleza sobre a autoimagem das jovens negras. A revelação de Morrison do grau elevado em que esses ideais brancos prejudicam a autoimagem do negro é um primeiro passo em direção à rejeição desses ideais e à superação da autoaversão niilista que eles causam nos negros.

O efeito cumulativo das feridas e cicatrizes infligidas aos negros na sociedade dominada pelos brancos é uma ira entranhada, um sentimento ardente de fúria e um pessimismo irrefletido quanto ao desejo de justiça nos Estados Unidos. Sob as condições da escravidão e da segregação racial, a ira, a fúria e o pessimismo permaneceram de certa forma abafados em razão do medo, plenamente justificável, da represália dos brancos. As grandes rupturas da década de 1960 — mais no campo psíquico do que no político — repeliram aquele medo. Lamentavelmente, a combinação do modo de vida dominado pelo mercado, das condições ditadas pela pobreza, da angústia existencial dos negros e da diminuição do medo das autoridades brancas direcionou grande parte da ira, da fúria e do desespero contra os semelhantes negros, sobretudo as mulheres, que são as criaturas mais vulneráveis em nossa sociedade e nas comunidades negras. Apenas recentemente essa ameaça niilista — com suas perversas perspectivas e ações desumanas — emergiu na sociedade norte-americana como um todo. Seu aparecimento, sem dúvida alguma, põe a nu um dos muitos exemplos de decadência cultural de um império em declínio.

O que deve ser feito a respeito dessa ameaça niilista? Existe realmente alguma esperança, considerando nossa sociedade civil fragmentada, os grandes empreendimentos voltados para o mercado e a hegemonia branca? Quando se começa falando sobre a ameaça de um niilismo concreto, faz-se necessário discorrer sobre algum tipo de *política de conversão*. Novos modelos de liderança coletiva negra devem criar uma versão dessa política. Assim como o alcoolismo e a toxicomania, o niilismo é uma doença da alma. Nunca poderá ser curado por completo, e existe sempre o ensejo de uma recaída. Contudo, sempre há também a possibilidade da conversão — uma chance de as pessoas acreditarem que existe uma esperança no futuro e um objetivo por que lutar. Essa chance não se fundamenta em um acordo a respeito do que é a justiça, nem em uma análise de como opera o racismo, o machismo ou a subordinação de classe. Tais acordos e análises são indispensáveis. Mas uma política de conversão requer mais. O niilismo não é vencido com argumentos e análises; ele é aplacado pelo amor e pelo cuidado. Toda doença da alma tem de ser sobrepujada por uma mudança da própria alma. Essa mudança se faz por meio da afirmação, pelo indivíduo, de seu próprio valor — afirmação essa alimentada pela consideração dos outros. Uma ética do amor tem de estar no centro da política de conversão.

A ética do amor não tem nenhuma ligação com sentimentos compassivos ou conexões tribais. Ela constitui a última tentativa para gerar entre as pessoas oprimidas o sentimento de que elas são capazes de influir. O melhor exemplo dessa ética do amor é descrito em vários níveis no grandioso romance *Amada*, de Toni Morrison. O amor por si próprio e o amor pelos outros são, ambos, costumes que conduzem a pessoa a uma crescente valorização de si mesma e incentivam a reação política em sua comunidade. Esses hábitos de valorização e reação estão entranhados em uma memória subversiva — que traz à lembrança só o melhor do passado de cada um, sem nostalgias românticas — e são guiados por uma ética universal do amor. Para meus objetivos neste livro, o romance *Amada* deve ser interpretado como uma obra que une a amorosa, porém crítica, afirmação da humanidade da gente negra encontrada nos aspectos mais louváveis dos movimentos nacionalistas negros, a eterna e inquebrantável esperança de uma coalizão transracial dos movimentos progressistas e a penosa luta pela sanidade mental, que se sustenta por si própria em uma história na qual a ameaça niilista *parece* insuperável.

A política de conversão é conduzida principalmente em âmbito local — nas instituições da sociedade civil que ainda demonstram vigor suficiente para promover a autovalorização e a autoafirmação. Ela aflora no âmbito governamental e nacional apenas quando as organizações democráticas populares colocam em evidência uma liderança coletiva que lhes cativou o amor e o respeito e, sobretudo, que provou prestar contas àquelas organizações. Essa liderança coletiva deve dar o exemplo de integridade moral, caráter e competência para governar democraticamente, tanto no plano pessoal como no nível das organizações.

Assim como os estruturalistas liberais, os defensores da política de conversão jamais perdem de vista as condições estruturais que influenciam as dificuldades e a vida das pessoas. Contudo, ao contrário do estruturalismo liberal, a política de conversão enfrenta de fato a ameaça niilista. Assim como o behaviorismo conservador, a política de conversão confronta abertamente as ações autodestrutivas e desumanas dos negros. Porém, em contraste, ela situa essas ações no contexto desumano em que se inserem (mas sem as desculpar por isso). A política de conversão é avessa à notoriedade, que atrai os que buscam um status privilegiado e bajula osególatras. Ela prefere manter-se com os pés no chão, labutando ao lado das pessoas comuns, projetando humildes campeões da liberdade — seguidores e líderes —, audaciosos o bastante para atracar-se com a ameaça niilista e rechaçar seus ataques letais.

2. AS ARMADILHAS DO RACIOCÍNIO DE BASE RACIAL

> *A insistência em valores patriarcais — na suposição de que a libertação seria o mesmo que dar aos homens negros acesso ao privilégio masculino que lhes permitiria exercer seu poder sobre as mulheres negras — foi uma das principais forças responsáveis por enfraquecer a luta racial. Uma ampla revisão dos papéis de gênero teria levado os líderes da luta pela libertação negra a criar novas estratégias, abordando a subjetividade negra de modo visionário.*
>
> bell hooks, *Anseios: raça, gênero e políticas culturais*, 1990

O ASPECTO MAIS DEPRIMENTE nas audiências do caso Clarence Thomas/Anita Hill não foram os ataques mesquinhos dos republicanos, nem o silêncio titubeante dos democratas — ambos revelam a previsível incapacidade da maioria dos políticos brancos de falar francamente sobre a questão racial e o papel de gênero. O mais perturbador foi a pobreza da discussão política entre os negros norte-americanos a respeito dessas audiências — um discurso grosseiro acerca de raça e gênero, que acusa a falta de coragem das lideranças negras.

Essa falta de coragem já se manifestara por ocasião do processo de seleção e nomeação de Clarence Thomas. A escolha de Thomas por Bush pegou desprevenida a maioria dos líderes negros. Poucos se atreveram a declarar publicamente que aquela não passava de uma cínica demonstração *pro forma* de aquiescência às reivindicações de participação dos negros na condução da sociedade, disfarçada com mentiras deslavadas quanto à qualificação de Thomas como o candidato mais apropriado a despeito de considerações raciais. Como estudante, Thomas possuía apenas um currículo sofrível (um simples diploma da Faculdade de Direito de Yale não capacita ninguém para a Suprema Corte); durante seus turbulentos anos na Comissão para Oportunidades Iguais de Emprego, deixara 13 mil processos sobre discriminação por idade mofando nos arquivos por falta de investigação; seu desempenho nos breves quinze meses como juiz no tribunal fora medíocre. O próprio fato de nenhum líder negro ter sido capaz de ir a público afirmar que um negro indicado para a Suprema Corte não estava *apto* mostra o quanto esses líderes estão escravizados pelos estereótipos racistas dos brancos a respeito do talento intelectual dos negros. Não se trata simplesmente do fato de que se Thomas fosse branco eles não hesitariam em gritar isso aos quatro ventos. Ocorre também que o silêncio desses líderes negros revela que eles podem cogitar a possibilidade de que o estereótipo racista é verdadeiro. Daí sua tentativa de encobrir com o silêncio a mediocridade de Thomas. É claro que, em particular, alguns admitiram saber daquela mediocridade, mas ao mesmo tempo salientaram a mediocridade do juiz Souter e de outros membros do Tribunal — como se a mediocridade dos brancos fosse uma justificativa para a dos negros. Nada de duplo critério aqui, diz o argumento; se um negro não está qualificado, pode-se defendê-lo e desculpá-lo apontando outros juízes brancos que também não estão. Essa postura dos líderes negros condiz perfeitamente com a cínica demonstração de aquiescência do governo às reivindicações dos negros, e tem com esta o mais baixo denominador comum: a pouca preocupação com o objetivo de fazer ruir o estereótipo racista ou com a defesa do interesse público da nação. Também torna invisíveis juízes negros altamente qualificados, que de fato merecem ser lembrados na seleção dos membros da Suprema Corte.

Como foi que boa parte dos líderes negros se deixou enredar nessa situação crítica? Por que tantos deles cederam à cínica estratégia de Bush? O primeiro motivo é a pretensão de Thomas à autenticidade racial — seu nascimento na segregacionista Geórgia, a infância como neto de um pequeno lavrador negro, seu inegável fenótipo negro, rebaixado pelos ideais racistas de beleza, e sua galante luta de negro que procura subir na vida a despeito do racismo no país. Em segundo lugar, existe uma relação complexa entre aquela pretensão à autenticidade racial e o crescente espírito de cooperação entre os negros norte-americanos. Os cada vez mais intensos sentimentos nacionalistas negros — a ideia de que o desejo de justiça racial nos Estados Unidos é fraco e, portanto, os negros devem cerrar fileiras para sobreviver em um país hostil — fundamentam-se principalmente em afirmações de autenticidade racial. Em terceiro lugar está o modo como sentimentos nacionalistas negros promovem e incentivam o conservadorismo cultural entre os negros, em especial o poder machista (e homofóbico). A ideia de os negros cerrarem fileiras contra os hostis norte-americanos brancos fortalece o poder masculino exercido pelos homens negros sobre as mulheres negras (com costumes como a proteção, o controle, a subordinação e, portanto, em geral, mas não sempre, a prática de usar e abusar das mulheres); o argumento é que isso contribuiria para preservar a ordem social entre os negros sob circunstâncias de um ataque simbólico ou literal por parte dos brancos. (Discorreremos com mais detalhes sobre esse processo no capítulo 7.)

A maioria dos líderes negros se perdeu no emaranhado desses argumentos, sendo, por isso, vitimada por uma forma vulgar de raciocínio fundamentada apenas no aspecto racial: autenticidade negra → mentalidade favorável a "cerrar fileiras" → subordinação das mulheres negras pelos homens, no interesse da comunidade negra em um país racista hostil. Essa linha de raciocínio gera perguntas como: "Thomas é realmente negro?"; "Ele é negro o suficiente para ser defendido?"; "Será que ele é negro só por fora?". Com efeito, questões desse tipo foram aventadas, debatidas e respondidas por toda a América negra, nas barbearias, nos salões de beleza, nas salas de estar, nas igrejas, nas mesquitas e nas escolas.

Infelizmente, não se questionou a própria estrutura desse raciocínio que toma por base o aspecto racial. Entretanto, se esse tipo de raciocínio continuar a reger o pensamento e a ação dos negros, casos como o de Clarence Thomas se sucederão na América negra — enquanto Bush e outros conservadores assistem de camarote e prosperam. Como se pode abalar a estrutura do raciocínio de base racial? Demolindo cada um de seus pilares, lenta e sistematicamente. O objetivo fundamental desse processo é substituir o raciocínio de base racial pelo raciocínio de base moral, compreender a luta dos negros pela liberdade como uma questão não de pigmentação da pele ou de fenótipo racial, mas de princípios éticos e sabedoria política, e combater a tentativa dos nacionalistas negros de subordinar os problemas e interesses das mulheres negras associando o amor e o respeito maduros do negro por si próprio a relações igualitárias dentro e fora das comunidades negras. A falta de coragem das lideranças negras deriva de sua recusa em abalar e demolir a estrutura do raciocínio de base racial.

Comecemos com a afirmação de autenticidade racial — afirmação essa que Bush fez a respeito de Thomas, que este fez a respeito de si mesmo durante as audiências e que os nacionalistas negros fazem a respeito de si próprios. O que vem a ser a autenticidade negra? Quem é realmente negro? Em primeiro lugar, a negritude não tem sentido fora de um contexto marcado por pessoas e práticas preocupadas com diferenças raciais. Após séculos de degradação, exploração e opressão racista nos Estados Unidos, ser negro significa estar sujeito aos abusos hegemônicos dos brancos, por menores que sejam, e fazer parte de uma rica cultura e de uma comunidade que lutaram contra tais abusos. Todas as pessoas de pele negra e fenótipo africano estão sujeitas a um potencial abuso hegemônico dos brancos. Por conseguinte, todos os norte-americanos negros têm algum interesse em resistir ao racismo — mesmo se esse interesse for restrito unicamente a si próprios como indivíduos e não abranger comunidades negras mais amplas. Entretanto, varia a forma como é definido esse "interesse" e como são entendidos os indivíduos e comunidades negras. Assim, qualquer alegação de autenticidade negra — exceto a de ser um potencial alvo de abuso racista e herdeiro de uma grandiosa tradição de luta pela causa dos negros — está na dependência da definição, pela pessoa, do que vem a ser o interesse dos negros e de sua compreensão ética sobre o modo como esse interesse se relaciona com os indivíduos e as comunidades dentro e fora da América negra. Em suma, a negritude é um construto político e ético. Os apelos à autenticidade negra não levam em conta esse fato; eles escondem e disfarçam a dimensão política e ética da negritude. Por isso é que as alegações de autenticidade racial levam a melhor sobre a argumentação política e ética — e que o raciocínio de base racial desencoraja o raciocínio de base moral. Toda afirmação de autenticidade racial pressupõe elaboradas concepções de relações políticas e éticas de interesses, indivíduos e comunidades. O raciocínio de base racial oculta essas pressuposições com um enganoso manto de consenso racial — no entanto, ele é um tipo sedutor de raciocínio, pois evoca uma inegável história de abuso e luta racial. É esse o motivo pelo qual as afirmações de Bush sobre a autenticidade negra de Thomas, as deste último sobre sua própria autenticidade negra e as dos nacionalistas negros a respeito da autenticidade negra em geral ressaltam, todas, histórias de abuso contra os negros e das lutas por eles travadas.

Mas se as afirmações de autenticidade negra constituem concepções políticas e éticas da relação entre os interesses, indivíduos e comunidades negras, então qualquer tentativa de restringir a autenticidade negra às políticas nacionalistas ou aos interesses masculinos dos negros gera suspeita. Por exemplo, os líderes negros deixaram de salientar as declarações problemáticas feitas por Clarence Thomas a respeito de sua irmã, Emma Mae, concernentes à experiência dela com o sistema previdenciário. Perante uma plateia conservadora em San Francisco, Thomas deu a entender que ela fraudulentamente se fizera beneficiária do seguro-desemprego pago pelo governo. Contudo, como a maioria das mulheres negras na história do país, Emma Mae é uma mulher muito trabalhadora. Ela fora sensível o bastante para cuidar de uma tia doente, mesmo ficando incapacitada para trabalhar por um breve período. Depois que parou de receber o seguro-desemprego, passou a trabalhar em dois empregos — até as três da madrugada! As declarações de Thomas revelam sua própria falta de integridade e de caráter. Mas o fato de os líderes negros terem deixado de ressaltar aquelas declarações expõe uma concepção de autenticidade negra restrita ao lado masculino dos interesses, dos indivíduos e das comunidades negras. Ou seja, o fato de a maioria dos líderes negros se recusar a dar importância aos interesses das mulheres negras já estava evidente antes mesmo de Anita Hill entrar em cena.

As afirmações de autenticidade negra que se nutrem da mentalidade favorável a "cerrar fileiras" são perigosas justamente porque essa união ocorre em geral à custa das mulheres negras. Tais afirmações também tendem a não levar em conta as divisões de classe e as orientações sexuais entre os negros norte-americanos — divisões essas que exigem atenção se forem considerados *todos* os interesses, os indivíduos e as comunidades negras. A política conservadora republicana de Thomas não favorece a ideia de cerrar fileiras; ele reivindica sua autenticidade negra com o objetivo de se autopromover, de obter poder e prestígio. Durante toda a sua vida profissional, Thomas defendeu o progresso pessoal e os critérios de seleção e promoção que não tomam por base a raça. Mas quando pareceu que o Senado não confirmaria sua indicação para a Suprema Corte, ele usou o trunfo racial da vitimização e da solidariedade dos negros, em detrimento de Anita Hill. Assim como fizera com sua irmã, Emma Mae, ele poderia usar e abusar de Anita Hill em prol de sua concepção, eivada de interesse próprio, sobre a autenticidade e a solidariedade racial dos negros.

Thomas foi bem-sucedido ao usar seu trunfo racial — primeiro apelando para sua vitimização na segregacionista Geórgia, depois para sua vitimização por um "linchamento *hi-tech*"; esse êxito deve-se ao profundo conservadorismo cultural prevalecente entre os brancos e os negros norte-americanos. Entre os brancos, o conservadorismo cultural assume a forma de racismo crônico, machismo e homofobia. Assim, apenas certos tipos de negros merecem ocupar posições importantes: os que aceitam as regras do jogo em vigor na América branca. Já entre os negros, o conservadorismo cultural se manifesta sob a forma de xenofobia incipiente (por exemplo, contra brancos, judeus e asiáticos), machismo sistemático e homofobia. Assim como ocorre em todos os casos de conservadorismo alicerçado na busca da ordem, a desordem generalizada na América branca e, em especial, na América negra insufla e sustenta a canalização da raiva na direção dos membros mais vulneráveis e degradados da comunidade. Para os brancos norte-americanos, isso significa principalmente usar como bodes expiatórios os negros, as mulheres e os homossexuais. Já os negros norte-americanos voltam-se contra as mulheres negras e os homossexuais negros. Dessa forma, as afirmações de autenticidade negra pelos nacionalistas e machistas negros dão mais força ao conservadorismo cultural. O apoio dado a Clarence Thomas pelo grupo Nation of Islam, de Louis Farrakhan — a despeito da crítica de Farrakhan às políticas racistas e conservadoras do Partido Republicano —, evidencia esse fato, e, além disso, mostra como o raciocínio de base racial conduz pontos de vista totalmente díspares na América negra ao mesmo beco sem saída — deixando de lado sólidos princípios éticos e uma política sábia e perceptiva.

O solapamento e o desmantelamento da estrutura do raciocínio de base racial — sobretudo das ideias-chave de autenticidade negra, mentalidade favorável a cerrar fileiras e conservadorismo cultural — conduzem a uma nova estrutura de pensamento e prática para os negros. Ela deve ser uma estrutura *profética* de raciocínio de base moral, com suas ideias fundamentais sobre uma identidade negra madura, uma estratégia de coalizão e uma democracia cultural negra. Em vez de apelos catárticos à autenticidade negra, a perspectiva profética fundamenta o amor e o respeito maduros do negro por si próprio na qualidade moral das reações dos negros à inegável degradação racista que ocorreu e ainda ocorre nos Estados Unidos. Essas reações não pressupõem uma essência racial compartilhada por todas as pessoas de pele negra, nem uma perspectiva à qual devem aderir todos os negros. Em vez disso, a estrutura profética incentiva uma avaliação *moral* das várias perspectivas que se apresentam aos negros, selecionando aquelas que tomam por base sua dignidade e decência, qualidades estas que os induzirão a abster-se de colocar qualquer cultura ou grupo de pessoas no pedestal ou na sarjeta. A negritude, então, é entendida como a eterna possibilidade do abuso hegemônico dos brancos ou os diferentes estilos e modos dominantes de expressão encontrados nas culturas e comunidades negras. Esses estilos e modos de expressão são diversificados — e realmente se destacam dos de outros grupos (mesmo que sejam moldados pelos de outros grupos, ou que os moldem). E todos esses estilos e modos de expressão necessitam de uma avaliação ética. A identidade negra madura resulta do reconhecimento das reações específicas dos negros aos abusos hegemônicos dos brancos e de uma avaliação moral dessas reações, de modo que a condição humana dos negros não dependa da redução dos outros a deuses ou demônios.

No lugar da tendência a cerrar fileiras, a estrutura profética estimula uma estratégia de coalizão que induz à genuína solidariedade entre os que estão comprometidos de fato com a luta contra o racismo. Essa estratégia não é ingênua nem oportunista; a desconfiança que os negros têm de brancos, latinos, judeus e asiáticos é grande, por motivos históricos. Entretanto, existem frágeis porém significativas tradições antirracistas entre brancos, asiáticos e em especial entre latinos, judeus, povos indígenas, e elas não devem ser desprezadas. Coalizões como essas são importantes justamente porque, além de darem força ao compromisso da gente negra, também enriquecem a qualidade de vida no país como um todo.

Por fim, a estrutura profética substitui o conservadorismo cultural dos negros pela democracia cultural negra. Em vez das concepções autoritárias que subordinam as mulheres ou rebaixam os homossexuais, a democracia cultural negra incentiva a igualdade entre homens e mulheres e evidencia a condição humana dos homossexuais. Em suma, a democracia cultural negra rejeita o generalizado machismo e a homofobia que imperam na América negra.

Se a maioria dos líderes negros houvesse adotado uma estrutura de raciocínio de base moral em vez de raciocinar sob o restrito ângulo racial, o debate entre os negros norte-americanos a respeito do caso Clarence Thomas/Anita Hill teria decorrido segundo linhas muito diferentes. Por exemplo, tanto ele como ela teriam sido vistos como negros republicanos conservadores que apoiam algumas das mais perversas políticas já criadas para oprimir as comunidades de negros trabalhadores e pobres desde os tempos da segregação racial nos ônibus, nas escolas e nos bairros. Ambos apoiaram uma redistribuição de riqueza sem precedentes em prejuízo dos trabalhadores e em favor das classes abastadas, na forma de tributação regressiva, políticas de desregulamentação, cortes e desaceleração de programas de serviços públicos, retrocesso nas negociações entre empregados e patrões e acréscimos no orçamento militar do Pentágono. Tanto Clarence Thomas como Anita Hill foram favoráveis à investida, em um nível nunca registrado nos Estados Unidos, de forças de mercado capitalistas que, irreprimidas, devastaram as comunidades negras trabalhadoras e pobres. Essas forças de mercado expressaram-se principalmente na expansão empresarial e financeira e no surgimento de numerosos novos empreendimentos, sempre sem regulamentação. Essa tremenda comoção nas grandes e pequenas empresas — incluindo-se aí enormes lucros com especulação, aquisições suspeitas e fusões de companhias, bem como altos níveis de corrupção e tráfico de influência — contribuiu para um novo tipo de cultura do consumo entre brancos e negros norte-americanos. Nunca o sedutor modo de vida consumista fora tão influente em quase todas as esferas da vida norte-americana. Esse modo de vida consumista incentiva o vício da estimulação e as obsessões com o conforto e a comodidade. Os vícios e as obsessões — alicerçados principalmente nos prazeres físicos e na ascensão social — estabelecem mentalidades consumistas de várias espécies, cujo denominador comum é um individualismo bronco e feroz e um hedonismo predatório em busca de um eterno "barato" físico e mental.

Nas audiências, a imagem que se formou de Clarence Thomas foi a de um típico hedonista, consumidor de pornografia, preso à estereotipada autoimagem do negro poderoso refestelando-se em proezas sexuais em uma sociedade racista. Anita Hill emergiu como a típica carreirista obcecada por ascensão profissional e prisioneira da estereotipada autoimagem de mulher negra sacrificada, que sofre sozinha e em silêncio. Havia razão para suspeitar que Thomas não estava contando toda a verdade. Ele não se pronunciou a respeito do caso Roe versus Wade, de suas intenções no ensaio antiaborto sobre Lewis Lehrman* e do perfil de sua filosofia política conservadora. Ademais, suas evasivas a respeito de sua vida particular foram perturbadoras. Também não deve restar muita dúvida de que, para Anita Hill, a decisão de prestar depoimento representou uma ruptura em suas ambições de carreira. Por um lado, ela me parece uma pessoa íntegra e honesta. Por outro, ela de fato privilegiava a ascensão profissional — mesmo a um doloroso custo pessoal. Entretanto, suas revelações desviaram-se desse padrão de comportamento, e ela se viu apoiada tão somente pelas pessoas que se opunham às mesmas políticas conservadoras republicanas que ela antes defendia, ou seja, pelas feministas, os liberais e alguns negros progressistas. Que estranho deve ter sido para ela estar no papel de heroína de seus antigos inimigos! Ficamos a nos perguntar se o juiz Bork a teria apoiado no mesmo grau fervoroso com que ela o prestigiara alguns anos atrás.

Uma estrutura profética de raciocínio fundamentado na moral teria isentado os líderes negros do sentimento racial de culpa por se oporem à nomeação de um negro para a Suprema

---

* O caso Roe versus Wade culminou com a histórica decisão da Suprema Corte americana que legalizou o direito das mulheres ao aborto. Lewis Lehrman é um conhecido conservador de Nova York. (N. T.)

Corte e da sensação de ter de escolher entre uma mulher negra e um homem negro. Assim como fez a Comissão Parlamentar Negra (menos um representante?), os negros em geral poderiam simplesmente ter se oposto à nomeação de Thomas com base em qualificações e princípios. E a escolha poderia ter sido entre duas figuras negras de direita, analisando seus depoimentos à luz dos padrões de comportamento de cada uma no passado recente. De modo semelhante, os líderes negros teriam tido condições de não ser logrados pelas desesperadas e vulgares declarações de Thomas sobre sua vitimização racial por uma comissão do Senado masculina e branca — que o tratou com muita delicadeza, evitando perguntas sobre sua vida particular. Assim como o senador Hollings, que sabe identificar a intimidação racial quando a presencia (tendo em vista suas experiências passadas nesse campo), os líderes negros poderiam ter enxergado através da farsa retórica e tratado o caso, sem refolhos, sob o devido prisma moral.

Infelizmente, a maioria dos líderes negros permaneceu presa em uma estrutura de raciocínio de base racial — mesmo quando eles se opuseram a Thomas e/ou apoiaram Anita Hill. Poucas vezes vimos um líder negro enfatizar o conteúdo moral de uma identidade negra madura, destacar o papel crucial da estratégia de coalizão na luta pela justiça ou patrocinar o ideal da democracia cultural negra. Em vez disso, o debate girou em torno de loquazes formulações de um "modelo de papéis" negros baseado meramente na pigmentação — uma atávica defesa da negritude que reflete a crescente xenofobia na vida norte-americana; ao mesmo tempo, guardou-se silêncio a respeito das abomináveis práticas autoritárias em vigor na América negra, que vão do assédio sexual à indescritível violência contra as mulheres. Assim, perdeu-se uma magnífica oportunidade para debater e lutar efetivamente em prol das questões de raça e gênero, na América negra e na sociedade de um modo geral. E a liderança negra deve assumir parte da culpa por isso. Enquanto os líderes negros continuarem presos em uma estrutura de raciocínio de base racial, não se erguerão acima do linguajar manipulador de Bush e Thomas — do mesmo modo como o estado de sítio (morte, doença e destruição) que assola boa parte da América negra cria mais desertos urbanos e zonas de combate. Onde não há visão, o povo sucumbe; onde não existe uma estrutura de raciocínio de base moral, o povo cerra fileiras em uma guerra de todos contra todos. O crescente fenômeno das gangues nos Estados Unidos resulta, em parte, de um raciocínio de base racial voltado para o mercado, que liga a Casa Branca aos projetos para os guetos. Nesse sentido, George Bush, o neonazista David Duke e muitos rappers das gangues falam a mesma língua, de diferentes posições na sociedade: somente o raciocínio de base racial pode nos salvar. E, no entanto, ouço ao longe o testemunho de uma multidão — Sojourner Truth, Wendell Phillips, Emma Goldman, A. Phillip Randolph, Ella Baker, Myles Horton, Fannie Lou Hamer, Michael Harrington, Abraham Joshua Heschel, Tom Hayden, Harvey Milk, Robert Moses, Barbara Ehrenreich, Martin Luther King Jr. e muitos outros, anônimos —, gente que se lançou à luta por liberdade e justiça amparada por uma estrutura profética de raciocínio de base moral. Eles compreenderam que as armadilhas do raciocínio de base racial são demasiado onerosas para a mente, o corpo e a alma — especialmente no caso de um povo oprimido e desprezado como o dos negros norte-americanos. Os nossos melhores líderes reconheceram essa preciosa verdade — e é preciso que mais gente o faça, para que o país sobreviva com algum senso moral.

3. A CRISE NA LIDERANÇA NEGRA

Quem crava uma faca de vinte centímetros nas costas de um homem e depois a puxa quinze centímetros não pode dizer que está fazendo progresso.

Não importa quanta deferência, não importa quanto reconhecimento os brancos demonstrem para comigo; no que me diz respeito, enquanto isso não for demonstrado para com cada um dos nossos neste país, não existe para mim.

Malcolm X, 1964

JAMAIS HOUVE UMA ÉPOCA como esta na história do povo negro neste país, em que a quantidade de políticos e intelectuais é tão grande e, no entanto, a qualidade de ambos os grupos é tão ruim. Justamente quando se poderia pensar que a América negra está dando uma demonstração de sua força política e intelectual, o rigor mortis parece ter se instalado. Como se pode explicar a ausência, em nossos dias, de gente da estirpe de Frederick Douglas, Sojourner Truth, Martin Luther King Jr., Malcolm X e Fannie Lou Hamer? Por que, nestas últimas décadas, os Estados Unidos não produziram intelectuais do calibre de W. E. B. Du Bois, Anna Cooper, E. Franklin Frazier, Oliver Cox e Ralph Ellison?

Uma resposta ponderada a essas questões desconcertantes requer uma análise delicada da emergência da nova classe média negra — seu conteúdo e caráter, aspirações e angústias, orientações e oportunidades. A América negra já registrou uma variedade de "classes médias". Negros livres no período pré--Guerra Civil, educadores, artesãos e lojistas no período da Reconstrução, homens de negócios e acadêmicos negros nos anos das leis segregacionistas, e proeminentes atletas, artistas e burocratas após a Segunda Guerra Mundial são, todos, exemplos de gente com status de classe média antes da aprovação da

Lei dos Direitos Civis, em 1964, e da Lei sobre os Direitos de Voto, em 1965. Como salientou E. Franklin Frazier em seu clássico *Black Bourgeoisie* (1957), essas várias formas de status de classe média negra nunca chegaram a incluir mais de 5% dos afro-americanos antes da era dos direitos civis. Nestas duas últimas décadas, essa porcentagem cresceu para bem mais de 25%. Entretanto, o salto quantitativo não foi acompanhado por um qualitativo. A classe média negra de nossos dias não é apenas diferente de suas predecessoras — é mais deficiente e, em termos mais incisivos, mais decadente. Em grande medida, as perspectivas e os estilos de vida que predominam hoje na classe média negra desencorajam o desenvolvimento de líderes políticos e intelectuais de valor. Nem é preciso dizer que isso também se aplica ao país como um todo; contudo, boa parte desse mal que acomete os Estados Unidos, impedindo o florescimento de líderes de peso, é mais acentuado entre os norte-americanos negros de classe média.

A nova classe média negra amadureceu na década de 1960, em um período de prosperidade econômica sem precedentes nos Estados Unidos e no eixo de uma fervilhante cultura de massa. O boom econômico permitiu a um grande número de trabalhadores americanos, pela primeira vez, o acesso a artigos supérfluos e a outras comodidades. A cultura de massa norte-americana apresentou modelos de um "estilo de vida ideal" — a *good life* —, baseados sobretudo no consumo conspícuo e na satisfação hedonista. É importante notar que mesmo as lutas intensamente políticas dos anos 1960 pressupunham a economia em eterna prosperidade e os modelos de *good life* projetados pela cultura de massa norte-americana. O sacrifício financeiro prolongado e o ascetismo sexual nunca estiveram no centro da pauta política dos anos 1960.

O movimento pelos direitos civis possibilitou a um número significativo de norte-americanos negros beneficiar-se do boom econômico — apoderar-se de uma pequena porém saborosa fatia do bolo em crescimento. E, para a maioria dos que contavam com a educação, as habilidades e a astúcia para conquistar seu lugar ao sol, a cultura de massa (televisão, rádio, filmes) ditou o que deveriam fazer com ele — obter a paz de espírito e o prazer do corpo com o que pudessem comprar. Como todo e qualquer grupo norte-americano ao alcançar a condição de classe média pela primeira vez, os negros, ao ingressarem na cultura consumista, fizeram do status uma obsessão e do hábito da estimulação um modo de vida. Por exemplo, os pais negros abastados não mais mandaram os filhos para estudar em Howard, Morehouse e Fisk "para servir à raça" (embora com frequência para servir a interesses próprios), e sim para Harvard, Yale e Princeton, "para conseguir um emprego bem remunerado" (e atender diretamente a razões egoístas).

Uma das razões de a liderança de peso na América negra estar minguando é a flagrante deterioração das relações pessoais, familiares e comunitárias entre os afro-americanos. Essas relações, embora sempre frágeis e difíceis de manter, constituem um alicerce crucial para o desenvolvimento de uma consciência coletiva e crítica e para um comprometimento moral e um engajamento corajoso nas causas que extrapolam o próprio indivíduo e sua família. Hoje em dia, as comunidades negras estão destroçadas, as famílias negras, em declínio, e os homens e as mulheres negras, em conflito (e às vezes em combate). Desse modo, as novas divisões de classe geradas pela inclusão (e exclusão) dos negros no boom econômico, no consumismo e no hedonismo patrocinados pela cultura de massa resultaram em novos tipos de confusão íntima e de falta de propósito na vida entre os norte-americanos negros. Existem poucos recursos comunitários, ou talvez nenhum, para ajudar os negros a lidar com essa situação.

A liderança capacitada não é produto de um indivíduo excepcional, nem consequência de acidentes históricos fortuitos. Ela provém de tradições e comunidades cuidadosamente desenvolvidas, que moldam e aprimoram pessoas talentosas e dotadas. Sem uma vibrante tradição de resistência legada às novas gerações, não se pode acalentar uma consciência coletiva e crítica — sobrevive apenas a consciência profissional. Onde não existe uma comunidade vigorosa para sustentar preciosos ideais éticos e religiosos, não se pode alcançar um comprometimento moral — somente o sucesso pessoal é aplaudido. Na ausência de um sentido confiável para a luta política, não se pode arcar com um comprometimento ousado — apenas se procura uma adaptação cautelosa. Refletindo-se sob esse prisma acerca da fonte da liderança, torna-se claro o porquê da falta de líderes valorosos na América negra atual. Essa ausência é, primordialmente, sintoma do distanciamento dos negros em relação a uma vibrante tradição de resistência, uma comunidade vigorosa unida por seus ideais éticos e um sentido confiável para a luta política. Em nossa época, a vida da classe média negra é, antes de tudo, uma questão de consciência profissional, de realização pessoal e de cautelosa adaptação.

A LIDERANÇA POLÍTICA NEGRA

A liderança política negra revela a face dócil e polida da classe média negra. O terno preto e a camisa branca usados por Malcolm X e Martin Luther King Jr. refletiam a seriedade de seu profundo comprometimento com a liberdade dos negros, ao passo que hoje em dia os caríssimos trajes dos políticos negros simbolizam seu êxito pessoal e sua realização individual. Malcolm e Martin reivindicavam a conscientização de que os negros eram pessoas que os Estados Unidos tinham de levar em consideração, ao passo que os políticos negros tendem a voltar nossa atenção para *suas* pessoas, em razão de terem "vencido na vida" neste país.

Essa comparação sem rodeios e um tanto injusta coloca em evidência duas características distintas dos líderes políticos negros da era pós-direitos civis: a relativa falta de uma ira autêntica e a relativa ausência de genuína humildade. O que mais impressionava em Malcolm X, Martin Luther King Jr., Ella Baker e Fannie Lou Hamer era o fato de que eles quase sempre estavam visivelmente consternados com a condição dos negros norte-americanos. Quem os via ou ouvia sentia nas entranhas que a situação dos negros era urgente, que demandava atenção imediata. Tinha-se até mesmo a impressão de que a própria estabilidade e a sanidade daqueles líderes dependiam da rapidez com que as dificuldades dos negros fossem minoradas. Malcolm, Martin, Ella e Fannie estavam irados com o estado da América negra, e essa ira alimentava sua coragem e rebeldia.

Num contraste gritante, a maioria dos líderes políticos negros de hoje parece demasiado faminta de status para se enfurecer, muito ávida por aceitação para demonstrar ousadia, excessivamente comprometida com o próprio progresso para ser rebelde. E quando esses líderes de fato tiram a máscara e tentam demonstrar sua raiva (em geral na presença de plateias negras), sua retórica audaz é mais uma representação do que um sentimento, mais um show do que uma expressão pessoal sincera. Malcolm, Martin, Ella e Fannie expressavam a miséria dos negros de um modo pungente e enérgico, enquanto boa parte da oratória dos líderes políticos negros contemporâneos apela para o lado sentimentalista e sensacionalista.

Analogamente, Malcolm, Martin, Ella e Fannie foram exemplos de humildade. Sim, até mesmo a agressividade de Malcolm era acompanhada de um toque de identificação e uma índole humilde com relação às pessoas comuns da raça negra. A humildade é fruto de segurança íntima e de sábia maturidade. Ser humilde é estar tão seguro a respeito de si mesmo e de sua missão que se pode passar sem chamar excessiva atenção para sua própria pessoa e status. E, ainda mais a propósito, ser humilde é regozijar-se com as realizações ou o potencial de outras pessoas — sobretudo daquelas com quem se tem alguma identificação ou a quem se está ligado organicamente. A relativa ausência de humildade da maioria dos líderes políticos negros atuais é um sintoma da avidez por status e da insegurança pessoal generalizada na classe média negra norte-americana. Nesse contexto, até mesmo um traje humilde é visto como um disfarce para encobrir alguma motivação sinistra ou ambição escusa.

Os líderes políticos negros de nossa época podem ser agrupados em três tipos: líderes administradores que eclipsam a raça, líderes de protesto que enfatizam a identificação racial e líderes proféticos que transcendem a raça. O primeiro tipo encontra-se em rápido crescimento. Pessoas como Thomas Bradley e Wilson Goode na América negra vêm se transformando em modelo para muitos líderes negros que procuram conquistar um amplo eleitorado branco e conservar a lealdade do eleitorado negro. Esse tipo sobrevive graças a muita percepção política e prospera recorrendo à diplomacia pessoal. Como candidato, constitui o menor de dois males em uma situação política em que a outra escolha eleitoral é um político conservador (em geral branco). Contudo, esse tipo de líder tende a tolher o desenvolvimento progressista e a silenciar as vozes proféticas na comunidade negra, pois induz à crença de que a única saída é juntar-se à corrente socioeconômica dominante.

Os líderes políticos negros do segundo tipo — líderes de protesto que enfatizam a identificação racial — com frequência se consideram herdeiros da tradição de Malcolm X, Martin Luther King Jr., Ella Baker e Fannie Lou Hamer. Contudo, em geral, eles estão iludindo a si próprios. Na verdade, operam muito mais segundo a tradição de Booker T. Washington, restringindo-se ao eleitorado negro, empenhando-se em proteger sua condição de líderes dessa comunidade e servindo como intermediários do poder junto a elementos poderosos não negros (em geral, as elites econômicas ou políticas brancas, embora no caso de Louis Farrakhan pudessem ser as elites líbias), com o objetivo de "elevar" aquela comunidade. É imprescindível lembrar que, mesmo na década de 1950, as perspectivas e os métodos de Malcolm X tinham uma abrangência internacional e que, após 1964, seu projeto tornou-se transracial — ainda que alicerçado na comunidade negra. Martin Luther King Jr. nunca se restringiu a ser unicamente o líder da América negra — apesar de a imprensa branca haver tentado transformá-lo nisso. E Fannie Lou Hamer liderou a Organização Nacional dos Direitos ao Bem-Estar Social, e não uma "Organização dos Direitos dos Negros ao Bem-Estar Social". Em suma, os líderes de protesto que enfatizam a identificação racial na era pós-direitos civis funcionam como figuras que os norte-americanos brancos precisam aplacar para que a miséria dos negros pobres seja negligenciada e esquecida. Quando os líderes dessa categoria conseguem se eleger para um cargo público — como no caso de Marion Barry —, geralmente se transformam em líderes do tipo administrativo, com um grande eleitorado negro, um estilo espalhafatoso, uma retórica pomposa e a prática de conceder favores políticos na esfera pública, à maneira de Booker T. Washington.

Os líderes proféticos que transcendem a raça são raros hoje em dia nos Estados Unidos. Harold Washington foi um deles. Jesse Jackson, em 1988, estava tentando ser outro — mas o oportunismo de seu passado pesou muito sobre ele. Ocupar um cargo público eletivo e ser um líder profético requer integridade pessoal e percepção política, visão moral e capacidade para julgar com prudência, rebeldia corajosa e paciência organizativa. A geração atual ainda não produziu uma figura com essas qualidades. Não temos um Adam Clayton Powell Jr. nem um Ronald Dellums. Esse vazio permanece como uma ferida aberta no centro da crise de liderança negra — enquanto se agravam os sofrimentos dos desfavorecidos, nos Estados Unidos e no exterior.

A LIDERANÇA INTELECTUAL NEGRA

A liderança intelectual negra revela a face cética e irônica da classe média negra. O terno vitoriano — com relógio e corrente no colete — usado por W. E. B. Du Bois não apenas representava a época na qual ele moldou seu caráter, mas também dignificava seu sentimento de vocação intelectual, seu propósito de servir com inteligência crítica e ação moral. As roupas surradas que hoje em dia os intelectuais negros usam podem ser vistas em sua maioria como símbolo de sua total marginalização por trás dos muros acadêmicos e de seu sentimento de impotência ante o mundo mais vasto da cultura e da política norte-americana. Para Du Bois, a gloriosa vida da mente constituía um modo de vida altamente disciplinado e um meio de luta bastante reivindicativo, que facilitava o trânsito entre sua sala de trabalho e a vida nas ruas; em contraste, os acadêmicos negros de agora tendem à vida universitária exclusiva, confinando-se estreitamente em disciplinas especializadas, com pouca percepção sobre a vida mental mais ampla e quase nenhum engajamento nas batalhas travadas nas ruas.

Os intelectuais negros são influenciados pelos mesmos processos que afetam os demais intelectuais norte-americanos, como por exemplo a profissionalização e a especialização do conhecimento, a burocratização da vida acadêmica, a proliferação de um jargão impenetrável nas várias disciplinas e a marginalização dos estudos humanísticos. No entanto, a qualidade do trabalho intelectual negro tem sido mais prejudicada do que a dos outros intelectuais. Isso se deve a dois motivos principais.

Primeiro, o sistema acadêmico de remunerações e status, prestígio e influência incentiva os poucos acadêmicos negros que imitam os paradigmas dominantes incensados pelas célebres instituições de ensino superior do nordeste do país. O negro felizardo que consegue ser admitido na elite acadêmica, bisbilhotar as conversas dos ilustres e influentes e reproduzir seu jargão ao escrever um trabalho sobre os negros tem sua carreira intelectual assegurada. Esse sistema não apenas desencoraja os carreiristas aspirantes empacados nas províncias, longe da excitante metrópole, mas também tolhe a criatividade intelectual, especialmente no caso daqueles para quem os paradigmas dominantes são problemáticos. Contudo, a incrível expansão do ensino superior nestas últimas décadas — incluindo-se aí os vultosos recursos federais que subsidiam as universidades e faculdades públicas e particulares — fez da universidade um mundo à parte, que abriga quase todo o talento intelectual da sociedade norte-americana. Em consequência, até mesmo os críticos dos paradigmas dominantes no meio acadêmico provêm desse próprio meio; ou seja, eles reposicionam pontos de vista e números dentro do contexto da política profissional da universidade, em vez de criarem elos entre as lutas dentro e fora do mundo acadêmico. Desse modo, o meio acadêmico tira proveito dos críticos de seus próprios paradigmas. Esses críticos, simultaneamente, legitimam o meio acadêmico (realçando sua autoimagem como incentivador da investigação objetiva e da crítica implacável) e debilitam o teor mais politizado e genérico das críticas dos radicais. Isso se aplica especialmente aos críticos que enfocam o modo como os paradigmas gerados no meio acadêmico ajudam a sancionar esse meio. Assim, as críticas radicais, inclusive a dos acadêmicos negros, são, em geral, desarmadas.

O segundo motivo é o fato de que muitos acadêmicos negros deliberadamente se distanciam tanto da corrente dominante na universidade que acabam tendo uma base de sustentação precária como profissionais em sua área. A vida intelectual norte-americana oferece poucas oportunidades para se executar um trabalho intelectual sério fora das universidades e fundações — especialmente para quem se dedica às áreas de ciências sociais e humanas. As principais alternativas intelectuais à vida acadêmica são o jornalismo, as comunidades autossuficientes (comunidades de artistas e grupos feministas) ou a literatura bem remunerada (autores célebres como Gore Vidal, Norman Mailer ou John Updike). Lamentavelmente, alguns intelectuais negros, frustrados e desgostosos, regridem e se isolam em grupos e debates restritos, que reproduzem a própria mediocridade que os levou a rejeitar a vida acadêmica. Dessa maneira, a mediocridade, sob várias formas e em diferentes contextos, sufoca boa parte da vida intelectual dos negros. Por conseguinte, a despeito do grande número de acadêmicos negros em comparação com os do passado (embora ainda uma pequena proporção em relação aos brancos), a vida intelectual negra apresenta um panorama bastante desalentador. Com poucos periódicos que permitam um intercâmbio entre as várias disciplinas, poucos órgãos que demonstrem interesse na situação e poucas revistas voltadas para as análises sobre a cultura negra e sua relação com a sociedade norte-americana, a infraestrutura para a atividade intelectual negra é muito débil.

Assim como os políticos negros, os acadêmicos negros enquadram-se em três tipos básicos: os elitistas que se distanciam da raça, os rebeldes que a ela se abraçam e os profetas que a transcendem. O primeiro tipo predomina nas universidades e faculdades mais célebres. Com frequência, consideram-se a "minoria talentosa", que detém quase o monopólio da visão bem-informada e culta dos problemas da América negra. Deleitam-se em censurar severamente boa parte do comportamento dos negros, porém apresentam poucas ideias sobre o potencial ou as perspectivas da Afro-América. Por vezes, suas críticas são incisivas — mas com frequência degeneram em uma reveladora autoaversão. Esses acadêmicos tendem a distanciar-se da América negra, ironicamente chamando a atenção para sua própria marginalização rabugenta. Preconizam padrões de excelência, complexidade nas análises e sutileza nas investigações — mas em geral o que fazem é encompridar manuscritos medíocres, produzir enfadonhas análises padronizadas e pesquisas sem a mínima criatividade. Ainda assim, prosperam — embora com frequência à custa de um respeito intelectual mínimo por parte de seus colegas brancos da área acadêmica. As obras mesquinhas do progressista Adolph Reed Jr. são um exemplo dessa tendência.

Os intelectuais negros do segundo tipo — os rebeldes que abraçam a causa racial — consideram-se em geral herdeiros da tradição de W. E. B. Du Bois. No entanto, quase sempre estão enganados. Na verdade, enquadram-se bem melhor nos moldes daqueles velhos professores universitários negros que prosperavam porque em terra de cego quem tem um olho é rei. Ou seja, esses rebeldes aferrados à sua raça expressam seu ressentimento contra o meio acadêmico branco (inclusive o sutil racismo nele imperante) reproduzindo hierarquias semelhantes em um contexto negro, no qual eles próprios figuram no topo. Revoltam-se, com razão, contra o isolamento tribal e a esnobe polidez dos acadêmicos brancos (e dos acadêmicos negros do primeiro tipo, descritos acima); contudo, ao contrário de Du Bois, a rebelião tende a delimitar sua produtividade literária e exaurir sua criatividade intelectual. Com isso, a retórica passa a substituir a análise, o palavreado estimulante toma o lugar das leituras sérias e as publicações pouco criativas transformam-se em expressão de catarse existencial. Boa parte do pensamento afrocêntrico, embora não sua totalidade, enquadra-se perfeitamente nessa descrição.

Existem poucos profetas que transcendem a raça no atual cenário intelectual negro. James Baldwin foi um deles. Ele era autodidata e tinha estilo próprio, portanto nada devia a nenhum sistema gerido pela elite branca para financiar atividades intelectuais. Era corajoso e produtivo — um intelectual político, em contraste com o ativista de esquerda Amiri Baraka, que não passava de um poeta boêmio e pequeno-burguês de nome LeRoi Jones, e com o ex-pantera negra Eldridge Cleaver, que se bandeou para a direita republicana. James Baldwin foi inabalável em seu compromisso de unir a vida da mente (inclusive o ofício de escrever) à luta pela justiça e dignidade humana, independentemente dos modismos da época ou do preço que ele tivesse de pagar. Com exceção de Toni Morrison, a geração atual ainda não viu nascer alguém como Baldwin. Não temos um Oliver Cox, nem um St. Claire Drake. Esse vácuo continua a agravar a crise de liderança negra — e os tormentos dos desfavorecidos vão crescendo.

O QUE FAZER?

A ameaça niilista é inseparável da crise de liderança na América negra. Essa crise ocorre em três níveis. Primeiro, no nível nacional, o corajoso mas problemático exemplo de Jesse Jackson nos persegue. Por um lado, suas campanhas para a presidência baseadas em uma coalizão progressista multirracial constituíram a principal reação dos liberais de esquerda às políticas conservadoras de Reagan. Pela primeira vez desde os últimos dias de Martin Luther King Jr. — com a notável exceção de Harold Washington — a segregação *de facto* da política progressista norte-americana foi confrontada e sobrepujada. Por outro lado, o estilo televisivo de Jackson resiste à organização que se origina das bases e, mais importante, à prestação de contas democrática. O brilhantismo, a energia e o carisma sustentam sua visibilidade pública — porém em detrimento de um programa que dê sequência aos efeitos provocados por seus discursos. Estamos nos aproximando do momento em que esse estilo esgotará seu potencial para os progressistas.

Outros líderes negros não ligados a cargos públicos eletivos — como Benjamin Hooks, da Associação Nacional para o Progresso dos Negros, e John Jacobs, da Liga Urbana Nacional — dão ênfase, corretamente, aos problemas tradicionais da discriminação, da violência e do lento progresso racial. Entretanto, sua preocupação com a raça — atendendo à finalidade das organizações para as quais trabalham — dá muito pouca importância aos determinantes cruciais das mudanças na vida dos negros, a saber: os fatores classe, meio, machismo e homofobia. Os políticos negros, especialmente os recém-eleitos, como o prefeito de Nova York, David Dinkins, e o governador da Virgínia, Douglas Wilder, são participantes de um sistema eleitoral mais amplo, letárgico, onerado por receitas decrescentes, perda da credibilidade do governo, mediocridade que se autoperpetua e corrupção generalizada. Como a maioria dos norte-americanos eleitos para cargos públicos, poucos políticos negros conseguem desviar dessas sedutoras armadilhas. Por todos esses motivos, a liderança negra no âmbito nacional tende a carecer da visão moral capaz de organizar (e não apenas de ativar periodicamente) análises penetrantes que esclareçam o povo negro (e não simplesmente o levantem de vez em quando), bem como práticas exemplares que enalteçam esse povo (e não meramente reflitam um status elevado).

Em um segundo plano, esse relativo fracasso cria um vácuo, que acaba sendo preenchido por nacionalistas negros audazes e rebeldes, de visão ainda mais estreita, análises raciais facciosas e práticas sensacionalistas. Louis Farrakhan, Al Sharpton (no período anterior a 1991) e outros empenharam-se vigorosamente para atuar como líderes de protesto nesse estilo míope — que com frequência, embora não sempre, recai na xenofobia imoral. Esse tipo de liderança negra não apenas é sintoma da alienação e do desespero dos negros em um país cada vez mais indiferente ou hostil à qualidade de vida da gente de cor trabalhadora e pobre, mas também intensifica a fragmentação dos esforços progressistas no país, que poderiam reverter esse deplorável quadro de miséria. Desse modo, os líderes nacionalistas negros muitas vezes, inadvertidamente, contribuem para aumentar o próprio impasse que estão tentando resolver: a inadequada atenção e ação da sociedade para minorar os sofrimentos das "pessoas invisíveis" nos Estados Unidos, especialmente dos negros desfavorecidos.

No terceiro nível, essa crise de liderança negra contribui para o ceticismo político entre os negros, pois induz à ideia de que não podemos realmente influir para mudar nossa sociedade. Esse ceticismo — já incentivado pela cultura política mais geral — extingue a chama de ativistas *locais* engajados, que conseguiram fazer sentir sua influência. Esses ativistas empenham-se longamente em organizar o povo em coalizões íntegras que empregam o poder e a pressão na luta por problemas específicos. E são pessoas que não desejam notoriedade nacional, como no caso dos participantes da Fundação para as Áreas Industriais, que organiza o BUILD, em Baltimore, e as iniciativas do Harlem, em Manhattan.

Sem ativistas desse tipo, não pode existir política progressista. Entretanto, também é preciso que haja redes estaduais, regionais e nacionais para que essa política se torne eficaz. Vem daí a necessidade dos modelos de liderança negra coletivos (especialmente com a participação de ambos os sexos) que tenham bases locais. Esses modelos devem rejeitar a ideia de um único líder negro nacional, além de incentivar o diálogo crítico e a responsabilidade democrática nas organizações negras.

A crise de liderança negra somente pode ser solucionada se encararmos abertamente sua existência. Precisamos de assembleias nacionais para refletir, debater e planejar sobre o melhor modo de reagir. Não é uma questão de surgir um novo messias ou alguma outra organização. O problema consiste em apreender os processos estruturais e institucionais que desfiguraram, deformaram e devastaram a América negra, prejudicando o desenvolvimento dos recursos de sustentação da consciência coletiva e crítica, do comprometimento moral e do engajamento corajoso. Necessitamos de uma reflexão estratégica e tática muito ponderada a respeito de como criar novos modelos de liderança e forjar o tipo de pessoas capazes de concretizá-los. Esses modelos devem não só questionar nossas suposições implícitas a respeito da liderança negra — como a ideia de que os líderes negros provêm *sempre* da classe média — mas também precisam nos forçar a questionar os ícones do passado. Isso inclui pôr em discussão o machismo e a homofobia de Martin Luther King Jr., além do caráter relativamente não democrático de sua organização, e ainda examinar o silêncio de Malcolm X com respeito ao perverso papel das versões sacerdotais islâmicas no mundo moderno.

Um aspecto, porém, é indiscutível: acabou-se o tempo em que os líderes políticos e intelectuais negros se arvoravam em porta-vozes exclusivos dos negros norte-americanos. Foi-se a época em que os líderes políticos negros competiam pelo título de "presidente da América negra", ou em que os intelectuais negros se diziam "os escritores da América negra". Concorrer pelo domínio do território negro — ou posar de "mandachuva" — é coisa do passado. O autêntico líder negro é o profeta que transcende a raça, que critica os poderes estabelecidos (e, entre eles, os negros integrados ao Sistema) e que formula uma visão de regeneração moral e insurreição política visando a uma mudança social fundamental para todos os que sofrem com a miséria socialmente induzida. No presente momento, estamos refletindo e nos reagrupando, com votos para que a década de 1990 faça a de 1960 parecer um mar de rosas.

4. O NOVO CONSERVADORISMO NEGRO POSTO A NU

> *É, de fato, uma das maiores cegueiras morais do conservadorismo norte-americano que a energia de seus intelectuais e líderes jamais se tenha concentrado ativamente sobre o legado da divisão da sociedade americana em castas determinadas pela raça. Isso representa uma crise moral fundamental no conservadorismo norte-americano moderno [...] Os conservadores norte-americanos em geral não fizeram caso das práticas e valores autoritários e violentos arquitetados contra a raça-casta negra nos estados sulistas, onde vive a maioria dos negros. Por outro lado, ao longo de todo este século, esses conservadores com frequência apoiaram movimentos pela liberdade em todas as partes do mundo — na Europa, América Latina, Ásia Oriental —, porém sempre resistindo inexoravelmente a aceitar e apoiar de modo ativo o movimento pelos direitos civis dos negros norte-americanos, a aceitá-lo como um genuíno movimento pela liberdade, plenamente digno de sua ajuda. Foi assim, à sombra dessa desoladora história do conservadorismo dominante nos Estados Unidos vis-à-vis a longa e árdua jornada dos negros norte-americanos em busca da igualdade de status, que emergiu o novo conservadorismo negro.*
>
> Martin Kilson, "Anatomy of Black Conservatism", 1993

A PUBLICAÇÃO de *Race and Economics*, de Thomas Sowell, em 1975, assinalou o aparecimento de um novo fenômeno nos

Estados Unidos: o ataque visível e agressivo do conservadorismo intelectual negro às tradicionais ideias liberais dos negros. O desenvolvimento de perspectivas conservadoras não é novidade na história afro-americana. O ilustre conservador negro deste século George S. Schuyler publicou durante décadas uma coluna espirituosa e mordaz no influente jornal negro *The Pittsburgh Courier*, e seu livro *Black and Conservative* tornou-se um pequeno clássico da literatura afro-americana. Analogamente, os ensaios reacionários (alguns dos quais publicados no *Reader's Digest*) da mais célebre das literatas afro-americanas, Zora Neale Hurston, bem como sua adesão ao Partido Republicano, são com frequência negligenciados por suas seguidoras contemporâneas do feminismo e dos movimentos de defesa das mulheres. Entretanto, o livro de Sowell ainda exprimiu algo novo: a tentativa de alcançar a hegemonia dos conservadores na liderança política e intelectual negra na era pós-direitos civis.

Até o momento, essa tentativa tem sido infrutífera, apesar de haver recebido grande atenção da mídia norte-americana, cujo interesse se evidencia sobretudo no estardalhaço em torno das obras recentes de Shelby Steele, Stephen Carter e Stanley Crouch. O novo conservadorismo negro é uma reação à crise do liberalismo na Afro-América. Essa crise, exemplificada em parte pela ascensão do "reaganismo" e pelo colapso da política de esquerda, criou um espaço intelectual ocupado, agora, por vozes conservadoras de várias cores.

Nesse contexto, cabe atentar para os trabalhos de meu amigo e colega cristão Glenn Loury, que procura distanciar-se do conservadorismo dominante mas, simultaneamente, dirigir suas críticas ao liberalismo negro; ou seja, ele é um neoconservador, que pretende eliminar o liberalismo tradicional entre os negros norte-americanos. Em seu próximo livro, *Free at Last*, Loury denuncia três falhas fundamentais dos pensadores liberais negros. Primeiro, ele afirma que os liberais negros acalentam uma concepção do povo negro como vítima de seu status, concepção essa que induz a atribuir todos os fracassos pessoais dos negros ao racismo dos brancos. Segundo, ele argumenta que os liberais negros nutrem uma lealdade debilitante para com sua raça, que os torna cegos para os aspectos patológicos e anômalos do comportamento dos negros. Terceiro, sustenta que os liberais negros truncam o discurso intelectual sobre as dificuldades dos negros pobres, censurando as perspectivas críticas que "lavam em público a roupa suja" da comunidade negra — isto é, tacham de "Pai Tomás" os neoconservadores como Loury, deixando de analisar com seriedade e sob um prisma intelectual as ideias por estes apresentadas.

As acusações de Loury são dignas de nota quando se considera que a hegemonia do liberalismo negro — especialmente entre as elites negras acadêmicas e políticas — de fato impõe restrições à qualidade e abrangência do intercâmbio intelectual dos negros. Ademais, as formas mais populares de liberalismo negro, como por exemplo a defesa extremada do próprio meio, tendem a menosprezar ou a não levar absolutamente em conta a responsabilidade pessoal dos negros sobre seu comportamento em relação a si mesmos e aos outros.

Infelizmente — e ironicamente — Loury emprega as mesmas estratégias retóricas que aponta em seus adversários liberais. Por exemplo, apresenta os conservadores e os neoconservadores negros como vítimas, cujo fracasso em conseguir a merecida atenção e um grande número de seguidores na Afro-América ele atribui, com argumentos *ad hominem*, a uma conspiração dos liberais negros para desacreditá-los. Mas decerto a comunidade negra não é assim tão crédula, manipulável e insensível. Pode simplesmente acontecer que os verdadeiros méritos das teses defendidas pelos novos conservadores negros não bastem para convencer e persuadir.

Além disso, a rejeição de Loury à lealdade cega para com a raça é louvável, porém ele a substitui por outra lealdade, também cega, à nação. De fato, sua principal crítica aos liberais e liberais de esquerda negros é a de que eles colocam a comunidade negra fora de compasso com os Estados Unidos de hoje, onde predomina o conservadorismo, porque adotam uma postura excessivamente antagônica com relação ao resto do país.

Essa crítica equivale não ao aprofundamento e enriquecimento do intercâmbio intelectual dos negros, mas a uma defesa de novos tipos de restrições, em nome de um neonacionalismo já difundido no país — um neonacionalismo que abafa e sufoca o cenário intelectual norte-americano mais amplo. Dessa maneira, o neoconservadorismo de Loury comete a mesma falha de "truncar o discurso" que ele alega estar combatendo em seus inimigos. Suas frequentes caracterizações das visões dos liberais de esquerda como "anacrônicas", "desacreditadas" e "idiossincráticas", sem a devida apresentação de argumentos em defesa dessas acusações, ilustram seu recurso ao discurso truncado.

A posição de Loury, "em cima do muro" entre o conservadorismo negro de Thomas Sowell e o liberalismo negro tradicional, é um sintoma da crise de propósito e direção que acomete as elites políticas e intelectuais afro-americanas. Três processos fundamentais na sociedade e cultura norte-americanas desde 1973 estabelecem o contexto para se compreender a crise: o fim do predomínio econômico dos Estados Unidos no mundo, a transformação estrutural da economia norte-americana e o colapso moral de comunidades por todo o país, especialmente entre os trabalhadores negros pobres e os negros que vivem na miséria.

O evento que simbolizou o declínio da hegemonia econômica norte-americana foi a crise do petróleo, resultante principalmente da solidariedade entre as nações pertencentes à Opep. A crescente competição econômica do Japão, Alemanha Ocidental e outras nações pôs fim à era do poder incontestado dos Estados Unidos. O consequente declínio da economia norte-americana solapou o alicerce keynesiano do liberalismo do pós-guerra, ou seja, o crescimento econômico acompanhado pela regulamentação e intervenção governamental em benefício dos cidadãos desfavorecidos.

O impacto da recessão econômica sobre os afro-americanos foi tremendo. Como se poderia esperar, ela afetou com mais gravidade os negros trabalhadores pobres e os paupérrimos do que a classe média negra em crescimento. Aqueles tiveram que enfrentar problemas com a própria subsistência, enquanto esta continuou a valer-se de oportunidades nas áreas da educação, negócios e política. A maioria dos negros de classe média invariavelmente apoiou a classe política negra emergente — os representantes negros eleitos nos níveis nacional, estadual e local — com o objetivo primordial de assegurar a mobilidade social ascendente dos negros. No entanto, alguns começaram a sentir-se constrangidos com o modo como eram encarados por seus pares brancos da classe média. A mobilidade obtida por intermédio do já mencionado programa de ação afirmativa gera um amor-próprio frágil e uma aceitação social duvidosa para os negros da classe média. Os novos conservadores negros expressaram esses sentimentos voltando-se contra os programas de ação afirmativa (a despeito de terem alcançado suas posições justamente graças a tais programas).

A importância dessa busca de respeitabilidade no seio da classe média com base no mérito e não na política não pode ser superestimada no novo conservadorismo negro. A necessidade que têm os conservadores negros de ganhar o respeito de seus colegas brancos influencia profundamente certos elementos de seu conservadorismo. Nesse aspecto, eles desejam simplesmente o que deseja a maioria das pessoas: ser julgados pela qualidade de suas habilidades, e não pela cor da pele. Entretanto, os conservadores negros não levam em conta o fato de que as medidas do programa de ação afirmativa constituíram reações políticas à generalizada recusa da maioria dos norte-americanos brancos a julgar seus conterrâneos negros segundo aquele critério.

Os novos conservadores negros pressupõem que, sem os programas de ação afirmativa, os norte-americanos brancos farão escolhas com base no mérito e não na raça. Contudo, não apresentaram provas de que isso venha a ocorrer. A maioria dos norte-americanos tem consciência de que a seleção de empregados toma por base tanto os critérios de mérito quanto os motivos pessoais. E é essa dimensão pessoal que com frequência se deixa influenciar por percepções racistas. Por conseguinte, o debate pertinente com respeito à contratação de negros nunca é o que trata do "mérito versus a raça", mas o que procura saber se as decisões do empregador serão baseadas no mérito, mas influenciadas por uma inclinação racista contra os negros, ou baseadas no mérito, influenciadas por inclinação racista, porém com especial consideração pelas minorias e pelas mulheres, conforme determina a lei. À luz das efetivas práticas de contratação, a retórica dos conservadores negros a respeito da liberdade para escolher a quem empregar (geralmente combinada à reivindicação da extinção dos mecanismos de ação afirmativa) nada mais faz do que corroborar as práticas concretas de discriminação racial. As afirmações dos conservadores negros acerca do amor-próprio não devem obscurecer esse fato, nem ser consideradas diferentes das dúvidas e inseguranças a respeito de si mesmo sentidas por todo recém-chegado à classe média norte-americana. É importante salientar que a maioria dos novos conservadores negros pertence a uma primeira geração a ingressar na classe média, e eles se apresentam como exemplo de que o sistema funciona bem para os que se dispuserem a fazer sacrifícios e trabalhar duro. Entretanto, repetindo-se um processo já bem conhecido no país, a genuína aceitação pelos brancos da classe média ainda os preocupa — e com frequência lhes escapa. Nesse aspecto, eles ainda sofrem com o racismo dos brancos.

O fim da hegemonia norte-americana no mundo é também um fator importante para a compreensão das opiniões dos conservadores negros sobre a política externa. Conquanto a maioria da atenção que lhes é dada pela imprensa esteja relacionada às suas ideias provocativas acerca dos assuntos internos, acho possível que o amplo apoio dado aos conservadores negros pelos conservadores dos governos Reagan e Bush e pelos neoconservadores judeus encontra-se estreitamente ligado à sua postura com respeito à política externa norte-americana. Embora os conservadores negros estejam certos em chamar a atenção para o massacre das elites burocráticas na África, que governam em nome de diversas ideologias, eles reservam o grosso de seus esforços para o apoio à intervenção dos Estados Unidos na América Central e à vultosa ajuda norte-americana a Israel. Seu relativo silêncio a respeito da política norte-americana de "compromisso construtivo" com a África do Sul também é revelador.

A postura dos conservadores negros tem sentido se a considerarmos à luz da grande mudança ocorrida na América negra em relação ao papel dos Estados Unidos no mundo. Uma das consequências do movimento pelos direitos civis e da ideologia do *black power* nos anos 1960 foi a crescente identificação dos negros norte-americanos com outros povos oprimidos no mundo. Isso guarda menos relação com a cor da pele do que com a semelhança das experiências sociais e políticas. Muitos negros demonstram simpatia para com os trabalhadores poloneses e os católicos da Irlanda do Norte (apesar das relações difíceis dos negros com os poloneses e irlandeses em lugares como Chicago e Boston), e um número crescente de negros mostra-se ciente da opressão aos povos nativos na África do Sul, da repressão aos cidadãos no Chile e na Coreia do Sul e dos maus-tratos aos palestinos em Israel. De fato, as consequências radicais, para os assuntos internos, dessa crescente conscientização dos negros — que a direita vulgar em geral denomina antiamericanismo — assustam os novos conservadores negros, que acabam sendo vistos em muitas comunidades negras como meros defensores de uma perversa política externa norte-americana.

Podemos compreender melhor a ascensão do novo conservadorismo negro enfocando a transformação estrutural registrada na economia dos Estados Unidos. A contração do mercado de trabalho no setor industrial e sua expansão no setor de serviços restringiu as oportunidades de emprego para os trabalhadores com pouca ou nenhuma especialização. Associada à diminuição dos empregos na indústria, que constituíam a maior fonte de trabalho para os negros, verificou-se a transformação que mais afetou os negros norte-americanos nas últimas quatro décadas: a mecanização da agricultura no sul do país. Quarenta anos atrás, trabalhavam no setor agrícola 50% de todos os adolescentes negros, sendo que mais de 90% deles viviam nos estados do Sul. À medida que foram desaparecendo essas oportunidades de trabalho, o problema do desemprego dos negros nos centros urbanos passou a crescer com tremenda rapidez. A recente saída das indústrias das cidades do nordeste e centro-oeste exacerbou esse problema. E, com a competição adicional por empregos resultante da entrada de novos imigrantes e de mulheres brancas no mercado de trabalho, os trabalhadores negros semiqualificados e sem qualificação passaram a encontrar cada vez mais dificuldades, e às vezes nenhuma possibilidade, de conseguir uma colocação. Em 1980, 15% dos homens negros na faixa de 25 a 45 anos informaram ao censo que não haviam ganho absolutamente nada no ano anterior. Muitas vezes, a única opção que se apresenta aos jovens negros é o alistamento militar. (De fato, quase um terço do exército norte-americano é composto por negros.)

Os novos conservadores negros perceberam, corretamente, que a liderança liberal negra não se ocupou dessas mudanças na economia. Obviamente, é capciosa a ideia de que a discriminação racial constitui a única razão das dificuldades dos negros trabalhadores pobres e dos negros que vivem na miséria. Ainda mais espúria é a noção de que os tribunais e o governo podem atenuar significativamente estas dificuldades fazendo respeitar leis já aprovadas. O racismo branco, ainda que pernicioso e forte, não pode explicar por completo a posição socioeconômica dos negros norte-americanos.

A crise do liberalismo negro advém do fracasso em contrapor uma reação realista às mudanças na economia. Os novos conservadores negros evidenciaram essa crise tentando desacreditar a liderança liberal negra, argumentando que a Associação Nacional para o Progresso dos Negros, a Liga Urbana Nacional, a Comissão Parlamentar Negra e a maioria dos negros eleitos para cargos públicos orientam-se por perspectivas ultrapassadas e ineficazes. O objetivo supremo dos novos conservadores negros é solapar a posição dos liberais negros e substituí-los por republicanos negros (ou mesmo por democratas moderados), os quais minimizam a importância da regulamentação governamental e advogam para as comunidades negras os mecanismos de mercado e os valores que enfatizam o sucesso.

Entretanto, os novos conservadores negros não conseguiram convencer os negros norte-americanos de que a ideologia conservadora e as políticas dos governos Reagan e Bush são moralmente aceitáveis e politicamente vantajosas. A vasta despolitização e o desinteresse eleitoral dos negros indicam que eles de fato se desencantaram com os liberais negros e desconfiam dos processos políticos norte-americanos; e um povo oprimido e degradado que se vê diante de opções limitadas pode estar disposto a tentar qualquer alternativa. Não obstante, os negros norte-americanos rejeitam sistematicamente os argumentos dos novos conservadores negros. Isso não ocorre porque eles se deixam lograr pelos políticos liberais, nem porque veneram o Partido Democrata. O motivo é que a maioria dos negros conclui que, embora a discriminação racial não seja a causa única de seus problemas, ela é sem dúvida uma das causas. Assim, boa parte dos norte-americanos negros encara o ataque dos conservadores aos líderes liberais negros como um retrocesso, e não como um avanço. O liberalismo negro é, de fato, inadequado, mas o conservadorismo negro é inaceitável. Essa reação negativa aos conservadores por parte da maioria dos negros explica parcialmente a relativa relutância de alguns dos novos conservadores negros em participar de debates públicos na comunidade negra e, em contraste, sua avidez em fazer o mesmo por intermédio dos meios de comunicação, em que alguns ousam até mesmo apresentar-se como corajosos e ferrenhos críticos do establishment liberal negro — mesmo tendo seus salários, honorários e despesas de viagem pagos por ricas fundações e empresas conservadoras.

O efeito mais benéfico que os novos conservadores negros produziram sobre o discurso público foi evidenciar o colapso da estrutura moral no país, especialmente nas comunidades dos negros trabalhadores pobres e nas dos negros que vivem na miséria. Organizações negras como a Push (People United to

Serve Humanity), do reverendo Jesse Jackson, trataram dessa questão no passado, mas os novos conservadores negros andam obcecados por ela, e por isso acabaram chamando a atenção do país para o tema. Infelizmente, eles veem esse conjunto de problemas urgentes sob um prisma basicamente individualista, deixando de considerar com seriedade os antecedentes históricos e o contexto social da presente crise.

Os conservadores negros afirmam que a decadência de valores como a paciência, a autossuficiência e o sacrifício da gratificação imediata em favor da gratificação futura resultaram nas altas taxas de criminalidade, no crescente número de mães solteiras e no desempenho escolar relativamente fraco dos jovens negros. Não há dúvida de que essas tristes realidades precisam ser enfrentadas abertamente. Contudo, em parte alguma de seus textos os novos conservadores negros examinam a difusão das imagens eróticas e bélicas apresentadas pela mídia e empregadas pela indústria publicitária com o propósito de seduzir e excitar os consumidores. Assim, os conservadores negros não levam em conta o grau em que as forças de mercado dos processos capitalistas avançados se aproveitam das imagens eróticas e bélicas. Até mesmo um liberal como Daniel Bell, em gritante contraste com os conservadores negros, salienta as forças sociais e culturais mais amplas, como, por exemplo, o consumismo e o hedonismo, que abalam a ética protestante e seus valores correspondentes; entretanto, ele tende a não dar a devida importância à contribuição do capitalismo norte-americano para o processo.

Desde o final do surto de progresso econômico do pós-guerra, intensificaram-se certas estratégias para estimular o consumo, especialmente as destinadas aos jovens norte-americanos, projetando a atividade sexual como uma satisfação instantânea e a violência como um sinônimo de identidade masculina. Essa atividade do mercado contribuiu muito para a desorientação e a confusão dos jovens norte-americanos, e aqueles com menos instrução e oportunidades sofreram com mais força o impacto desse caos cultural. Como ficar surpreso com o fato de os jovens negros, isolados do mercado de trabalho, marginalizados em decrépitas escolas urbanas, desvalorizados por alienadores ideais de beleza euro-americanos e visados por uma invasão sem precedentes das drogas, apresentarem altas taxas de criminalidade e de gravidez na adolescência?

Meu objetivo não é fornecer desculpas para o comportamento dos negros, nem absolvê-los da responsabilidade pessoal. Mas quando os novos conservadores negros ressaltam o comportamento e a responsabilidade dos negros de modo a omitir suas realidades culturais, estão participando de um enganoso e arriscado jogo intelectual com a vida e o destino de pessoas desfavorecidas. Devemos realmente criticar e condenar atos imorais perpetrados por negros, porém temos de fazê-lo cientes das circunstâncias em que as pessoas nascem e vivem. Ao negligenciar essas circunstâncias, os novos conservadores negros caem na armadilha de culpar os negros pobres por suas dificuldades. É imperativo seguir uma rota segura por entre dois abismos: o do determinismo exclusivo do meio e o da perspectiva de atribuir a culpa pelos problemas tão somente às próprias vítimas.

As limitações ideológicas dos novos conservadores negros ficam bem evidentes quando eles procuram associar o colapso moral das comunidades negras pobres à expansão do Estado do bem-estar social. Por exemplo, na obra de Sowell, o elemento estrutural da vida política e econômica mais importante para os problemas dos negros pobres é o papel negativo do Estado e a função positiva do mercado. Uma pergunta provocativa — e um tanto injusta — que se poderia fazer a esse descendente de escravizados vendidos em leilão é: o mercado pode causar algum mal?

Os novos conservadores negros alegam que a concessão de benefícios para os negros necessitados engendra uma mentalidade de dependência que arruína o valor da autossuficiência e da solidez da família negra pobre. Deixam de perceber que o Estado do bem-estar social representa um compromisso histórico entre forças progressistas em luta pelo direito geral da subsistência e forças conservadoras empenhando-se pela desregulamentação dos mercados. Assim, não deveria surpreender que o Estado do bem-estar social apresente muitas falhas. O fortalecimento de "mentalidades dependentes" e a instabilidade da família são duas delas. Mas simplesmente apontar essas duas deficiências óbvias não justifica cortes de recursos nos programas de ajuda social. Em face do elevado desemprego entre os negros, tais cortes não favorecem a autossuficiência ou a solidez dos laços familiares, mas apenas produzem maior desorientação cultural e mais famílias fragmentadas entre os negros. Isso ocorre porque, sem emprego ou incentivo para serem cidadãos produtivos, os negros sentem-se ainda mais inclinados para a marginalidade, as drogas e o alcoolismo — os principais sintomas imediatos do caos generalizado na comunidade e cultura negras.

No nível prático e político, a única alternativa viável ao Estado do bem-estar social está em criar mais empregos para os pobres — algo que o setor privado não está absolutamente interessado em fazer, já que isso não favoreceria seus interesses econômicos. Assim, a racionalidade de mercado do setor privado relega os pobres a uma vida de subsistência ou ao desemprego. Dadas as realidades da política norte-americana contemporânea, atacar o Estado do bem-estar social sem associar esse ataque a um programa de criação de empregos digno de crédito (que com certeza tenha o apoio do setor privado) implica reduzir as já limitadas opções para os negros pobres. Chegar ao ponto de, como fizeram alguns novos conservadores negros, defender a eliminação de quase todos os programas federais de ajuda aos pobres não idosos (como proposto por Charles Murray em *Losing Ground*) é atuar como cúmplice ideológico de políticas sociais que têm efeitos genocidas sobre os negros pobres. O Estado do bem-estar social não é capaz de vencer a guerra contra a pobreza, mas ele realmente mantém no rumo alguns barcos que, de outro modo, afundariam devido à elevada taxa de desemprego.

Mas até mesmo os programas de emprego eficazes não tratam por completo do problema da decadência cultural e da desintegração moral das comunidades negras pobres. Assim como o próprio país, essas comunidades carecem de revitalização cultural e regeneração moral. Existe amplo consenso acerca dessa necessidade em todas as formas de liderança negra, porém nem liberais nem conservadores abordam adequadamente o tema.

Atualmente, os principais baluartes institucionais contra a disseminada falta de propósito e o desespero que grassa na Afro-América encontram-se em instituições intermediárias, como as igrejas cristãs, as mesquitas muçulmanas e as escolas preocupadas com a formação do caráter. Todas elas estão travando uma batalha extremamente árdua; não conseguem contrabalançar por completo a poderosa influência que as imagens eróticas e violentas fornecidas pela mídia exercem sobre os negros pobres, especialmente os jovens. Mesmo assim, essas instituições intermediárias que reafirmam a condição humana dos negros, salientam suas capacidades e potencialidades e cultivam o caráter e a excelência necessários à cidadania produtiva são raios de esperança em meio à crise cultural e moral. (Minha posição quanto ao papel positivo dessas associações intermediárias difere da dos conservadores negros. Em minha opinião, elas se opõem à subordinação de classe predominante nas relações sociais capitalistas do país, e modificam essa subordinação. Para os conservadores negros, tais instituições têm um papel que favorece essa subordinação de classe. Nesse sentido, as instituições privadas voluntárias constituem um ponto central de discórdia ideológica e política entre mim e os conservadores negros — com metas e objetivos conflitantes.)

O que, então, podemos deduzir sobre os conservadores negros? Primeiro, eu diria que a estreiteza de seus pontos de vista reflete a estreiteza da perspectiva liberal com a qual estão obcecados. De fato, a ausência de uma visão ampla e de uma análise perspicaz, além da recusa em reconhecer as características estruturais fundamentais da situação dos negros pobres, caracteriza tanto os liberais como os conservadores negros. As posições de ambos os grupos refletem uma luta na elite negra de classe média. Esse provincianismo é, ele próprio, decorrente das alternativas extremamente limitadas existentes hoje na política norte-americana.

Em segundo lugar, a emergência dos novos conservadores negros assinala um desenvolvimento benéfico, na medida em que chama a atenção para as falhas do liberalismo negro e, assim, incentiva políticos e ativistas negros a estudar soluções mais progressistas para os problemas mais gerais de injustiça social e desigualdade de classes. Finalmente, os ataques mais evidentes dos novos conservadores negros à liderança liberal negra no que respeita à política externa dos Estados Unidos talvez obriguem os debates dos intelectuais negros a ressaltar a relação existente entre os problemas dos países em desenvolvimento e os dos negros (pardos, índios, amarelos e brancos) pobres. Considerando o pró-americanismo ávido do meio intelectual norte-americano quando se trata de política externa, esse enfoque seria construtivo.

Talvez o aumento da cisão entre as elites liberais e os críticos conservadores negros conduza a um discurso político mais íntegro e ardoroso a respeito da América negra e no seio da comunidade negra norte-americana. Esse discurso incentivaria debates mais racionais entre conservadores, liberais e membros da esquerda, abordando estratégias para melhorar as oportunidades de vida dos negros pobres. As poucas percepções valiosas dos novos conservadores negros podem ser incorporadas a uma perspectiva progressista mais ampla, que rejeita por completo as conclusões injustificadas e as políticas repulsivas preconizadas pelo novo conservadorismo negro. Suponho que um diálogo nesses termos desmascararia os novos conservadores negros, revelando-os como renegados e críticos de um liberalismo negro moribundo, que enxergam alguns dos limites do liberalismo mas são incapazes de ultrapassá-los, e nem estão dispostos a isso. Assim, os novos conservadores negros contentam-se com versões históricas mais antigas do liberalismo clássico, em plena sociedade pós-liberal e em plena cultura pós-moderna.

5. ALÉM DA AÇÃO AFIRMATIVA: IGUALDADE E IDENTIDADE

> *A rejeição institucionalizada da* diferença *é uma necessidade absoluta em uma economia voltada para o lucro, que precisa de forasteiros para compor um excedente de pessoas. Como membros de uma economia desse tipo, fomos todos programados para reagir às diferenças humanas entre nós com medo e desprezo, e para lidar com elas em uma destas três maneiras: não fazer caso delas e, se isso não for possível, copiá-las se as julgarmos dominantes ou destruí-las se as considerarmos subordinadas. Mas não possuímos critérios para nos relacionar como iguais através de nossas diferenças humanas. Em consequência, essas diferenças foram rotuladas e empregadas erroneamente, no interesse da separação e confusão.*
>
> Audre Lorde, *Irmã outsider:*
> *Ensaios e conferências*, 1984

A CRISE FUNDAMENTAL NA AMÉRICA NEGRA É DUPLA: pobreza demais e amor-próprio de menos. O problema urgente da pobreza dos negros deve-se principalmente à distribuição de riqueza, poder e renda — distribuição essa que sofreu a influência do sistema racial de castas, que até duas décadas atrás negava oportunidades à maioria dos negros "qualificados".

O papel histórico dos progressistas norte-americanos é incentivar a adoção de medidas redistributivas que melhorem o padrão e a qualidade de vida para os que têm pouco ou nada. A ação afirmativa, programa criado para corrigir os efeitos da discriminação racial e sexual em empresas, escolas etc., foi uma dessas medidas redistributivas; ela emergiu na década de 1960, no auge da batalha entre os que lutavam pela igualdade racial. Assim como as medidas *de facto* que no passado existiram para compensar os efeitos da discriminação — contratos, empregos e empréstimos concedidos por entidades políticas para a seleção de imigrantes, subsídios a certos agricultores, empréstimos do governo federal com garantia hipotecária a mutuários específicos para aquisição de casa própria ou ajuda a soldados veteranos para que continuassem sua instrução secundária e universitária —, os esforços recentes para aumentar o acesso à prosperidade norte-americana têm se baseado em políticas preferenciais. Infelizmente, essas políticas sempre beneficiam em maior grau os norte-americanos da classe média. O poder político das grandes empresas nas altas esferas do governo circunscreve as medidas redistributivas, desviando-as dos que têm pouco ou nada.

Toda medida redistributiva constitui um acordo com — e uma concessão dos — curadores da prosperidade norte-americana, ou seja, as grandes empresas e as altas esferas do governo. A ação afirmativa foi um desses acordos e concessões, alcançado depois de prolongada luta dos progressistas e liberais norte-americanos nos tribunais e nas ruas. Progressistas visionários sempre fazem pressão em favor de medidas redistributivas substanciais que criem oportunidades para os pobres e os miseráveis, como, por exemplo, mais ajuda federal aos pequenos agricultores ou mais empréstimos do governo com garantia hipotecária para aquisição de moradia nas cidades ou nos subúrbios. Contudo, no sistema político norte-americano, no qual os poderosos olham com ceticismo qualquer programa visando à redistribuição econômica, os progressistas devem garantir todas as medidas redistributivas que puderem, assegurar que sejam postas em prática e então, se possível, estender seus benefícios.

Se eu já tivesse idade suficiente para aderir à luta pela igualdade racial nos tribunais, no Congresso ou nas salas da diretoria nos anos 1960 (eu já tinha idade para estar nas ruas), teria, como agora, apoiado, por princípio, um programa de ação afirmativa baseado em critérios de classe. Entretanto, no calor da batalha na política norte-americana, uma medida redistributiva amparada em um princípio, sem poder e sem pressão para escorá-la, é absolutamente nula. As práticas discriminatórias prevalecentes nos anos 1960, cujo alvo eram os trabalhadores, as mulheres e as pessoas de cor, eram atrozes. Assim, uma política de ação afirmativa *passível de ser posta em prática*, primeiro fundamentada em critérios raciais e depois em critérios sexuais, foi o melhor acordo e concessão que se pôde alcançar.

Os progressistas deveriam encarar a ação afirmativa não como a solução principal para a pobreza, nem como um meio suficiente para a igualdade. Devemos considerá-la principalmente como algo que desempenha um papel restritivo: garantir que as práticas discriminatórias contra mulheres e pessoas de cor sejam atenuadas. Tendo em vista a história norte-americana, é quase certo que sem essa política a discriminação racial e sexual retornaria com grande ímpeto. Mesmo que ela seja muito deficiente para reduzir a pobreza dos negros ou que contribua para a persistência das ideias racistas no ambiente de trabalho, sem ela o acesso dos negros à prosperidade norte-americana seria ainda mais difícil, e o racismo no trabalho continuaria a existir de qualquer modo.

Essa afirmação não toma por base nenhum ceticismo com relação a meus concidadãos brancos; ela se fundamenta na historicamente fraca inclinação dos Estados Unidos para a justiça racial e para as medidas redistributivas de vulto. Essa é a razão por que um ataque à ação afirmativa implica um ataque aos esforços redistributivos dos progressistas, a menos que haja uma possibilidade real de aprovar e fazer cumprir uma política mais abrangente de ação afirmativa baseada em critérios de classe.

Na política norte-americana, os progressistas precisam não apenas aferrar-se aos ideais redistributivos mas também lutar pelas políticas que — mediante acordo e concessão — imperfeitamente se amoldem àqueles ideais. Os liberais que só os defendem da boca para fora, que descartam essas políticas em nome da *Realpolitik* ou que as rejeitam quando percebem alguma mudança nas lideranças raciais estão cedendo um terreno precioso com muita facilidade. E eles o fazem mesmo com o chão ruindo sob nossos pés em questões como a tributação regressiva, dispensa temporária ou redução de benefícios de empregados, cortes nos programas de saúde e de assistência à infância.

A ação afirmativa não é o aspecto mais importante para o progresso dos negros norte-americanos, mas ela integra uma cadeia redistributiva que precisa ser fortalecida para que se possa confrontar e eliminar a pobreza dos negros. Se existissem medidas sociais democráticas redistributivas que eliminassem a pobreza entre os negros, e se a discriminação racial e sexual pudesse ser sobrepujada por meio da boa vontade e de critérios louváveis por parte dos que detêm o poder, a ação afirmativa seria desnecessária. Embora muitos de meus compatriotas liberais e progressistas vejam essa política como uma medida redistributiva que já se tornou ultrapassada ou que não vale mais a pena manter, contesto essa postura, em razão da persistência de práticas discriminatórias que agravam a miséria social dos negros e da desconfiança justificada de que a boa vontade e a justiça de critérios entre os poderosos não estão voltadas para as mulheres e as pessoas de cor.

Se a eliminação da pobreza é uma condição necessária para o progresso significativo dos negros, a afirmação de sua condição humana, especialmente entre os próprios negros, é condição suficiente para esse progresso. Essa afirmação confronta os problemas existenciais do que significa ser um africano degradado (homem, mulher, homossexual, criança) em uma sociedade racista. Como conseguir a autoafirmação sem reviver estereótipos negros negativos ou reagir exageradamente aos ideais hegemônicos brancos?

A difícil e delicada busca da identidade negra é essencial a qualquer debate acerca da igualdade racial. Mas ela não constitui apenas um problema político ou econômico. A busca da identidade negra envolve respeito e consideração por si mesmo, esferas que são inseparáveis do poder político e do status econômico, porém não idênticas a eles. A flagrante autoaversão entre os profissionais negros especializados de classe média atesta esse amargo processo. Infelizmente, os conservadores negros ressaltam o problema do respeito próprio como se ele fosse a única chave para abrir todas as portas do progresso para os negros. Com isso, ilustram a falácia de tentar abrir todas as portas com uma só chave: acabam fechando os olhos para todas as portas, exceto para aquela em que serve a chave.

Nós, progressistas, devemos nos empenhar com afinco na busca do respeito próprio, mesmo enquanto atentamos para as causas institucionais da miséria social dos negros. Os problemas da identidade negra — tanto o amor-próprio como o autodesprezo — caminham ao lado da pobreza dos negros como realidades que devem ser confrontadas e transformadas. A aceitação acrítica de ideais que induzem à autodegradação e que duvidam da inteligência, do potencial e da beleza dos negros não só agrava a miséria social negra mas também paralisa os esforços da classe média negra para defender amplas medidas redistributivas.

Essa paralisia assume duas formas: a preocupação burguesa dos negros com a aprovação de seus colegas brancos e a obsessão nacionalista dos negros com o racismo branco.

A primeira dessas formas tende a gerar uma postura de introversão, que funde a crise de identidade da classe média negra com o estado de sítio que assola as comunidades dos negros trabalhadores e dos negros que vivem na miséria. Essa perspectiva unidimensional obscurece a necessidade de medidas redistributivas que atinjam significativamente a maioria dos negros, composta de pessoas trabalhadoras no limiar da pobreza.

A segunda forma de paralisia impede toda e qualquer coalizão importante com os progressistas brancos, em razão do inegável legado racista dos brancos no mundo ocidental moderno. A ira suscitada por essa realidade constitui um obstáculo para qualquer maneira eficaz de reagir à crise na América negra. Medidas redistributivas abrangentes requerem coalizões alicerçadas em princípios, inclusive alianças multirraciais. Sem medidas desse tipo, agravam-se as dificuldades dos negros norte-americanos. O racismo dos brancos de fato contribui para tal sofrimento. Entretanto, a obsessão com esse racismo muitas vezes se desenvolve em prejuízo de alianças de bases mais amplas que afetem a mudança social; ela se encontra no limiar de uma mentalidade tribal. As versões mais xenofóbicas desse ponto de vista simplesmente reproduzem os ideais hegemônicos brancos contra os quais lutamos, e impedem todo movimento em direção a objetivos redistributivos.

O modo como a pessoa define a si mesma influencia o valor analítico que ela atribui à pobreza dos negros. Qualquer debate progressista a respeito do futuro da igualdade racial deve abordar o tema da pobreza e da identidade negra. Minhas opiniões quanto à necessidade e os limites da ação afirmativa no momento atual são moldadas pelo modo como se pode melhor defender e expandir as medidas redistributivas significativas e os esforços para afirmar a condição humana dos negros.

6. SOBRE AS RELAÇÕES ENTRE NEGROS E JUDEUS

> *Pois se não há bandeiras drapejando e canto de marchas nas barricadas quando Walter avança com seu pequeno batalhão, não é porque a batalha carece de nobreza. Pelo contrário, ele retomou, a seu modo, ainda imperfeito e vacilante em sua visão restrita do destino humano, aquilo que Arthur Miller, eu creio, certa vez chamou "o fio de ouro da história". Ele se torna, a despeito dos que estão demasiado perplexos com o desespero e o ódio pelo homem para perceber, o rei Édipo recusando-se a arrancar os olhos e, em vez disso, atacando o Oráculo. Ele é o último patriota judeu manejando seu fuzil em Varsóvia; ele é aquela jovem que nadou no meio dos tubarões para salvar uma amiga há poucas semanas; é Anne Frank, ainda acreditando nas pessoas; é os nove pequenos heróis de Little Rock; é Michelangelo criando* Davi *e Beethoven irrompendo com a* Nona sinfonia. *Ele é tudo isso porque se ergueu em seu momento fugaz e se apoderou daquela doce essência que é a dignidade humana, e ela reluz como o antigo sonho com brilho de estrela que há em seus olhos.*
> Lorraine Hansberry, "An Author's Reflections: Walter Lee Younger, Willy Loman and He Who Must Live", 1959

OS DEBATES RECENTES acerca do estado das relações entre negros e judeus produziram mais confusão do que esclarecimento. Em vez de um diálogo crítico e de uma respeitosa troca de ideias, testemunhamos diversas rodadas de difamações vulgares e acusações farisaicas. Batalhas travadas nas páginas dos editoriais, como a que se deu entre Henry Louis Gates Jr., eminente professor de Harvard, e John Henrik Clarke, ilustre estudioso do pan-africanismo, no *New York Times* e no *City Sun*, respectivamente, não contribuem muito para a compreensão das relações entre negros e judeus.

O antissemitismo dos negros e o racismo dos judeus contra os negros são reais, e ambos tão caracteristicamente norte-americanos quanto a torta de cereja. Não existiu uma "época de ouro" em que negros e judeus viviam livres de tensões e atritos. Mas houve uma época melhor, quando as histórias afins de opressão e degradação de ambos os grupos serviam de trampolim para a verdadeira empatia e para alianças fundamentadas em princípios. Desde fins da década de 1960, as relações entre negros e judeus atingiram o fundo do poço. Por que isso ocorreu?

Para explicar esse lamentável estado de coisas, precisamos começar a trazer à tona a verdade que há por trás das percepções que cada grupo tem sobre o outro (e sobre si mesmo). Por exemplo, poucos negros reconhecem e admitem um fato fundamental da história judaica: um profundo ódio pelos judeus está arraigado bem no centro da cultura europeia medieval e moderna. As perseguições sob os bizantinos, os massacres durante as Cruzadas, as expulsões da Inglaterra (1290), França (1306), Espanha (1492), Portugal (1497), Frankfurt (1614) e Viena (1670), bem como os *pogroms* na Ucrânia (1648, 1768), em Odessa (1871) e em toda a Rússia — especialmente após 1881, culminando em Kishinev (1903) —, constituem o vasto pano de fundo histórico para as atuais preocupações dos judeus com a autossuficiência e seu temor pela extinção do grupo. Obviamente, a tentativa de genocídio perpetrada pelos nazistas nas décadas de 1930 e 1940 agravou essas preocupações e temores.

O ódio que europeus sentem pelos judeus tem bases religiosas e sociais — os mitos cristãos acerca da morte de Cristo pelos judeus e o ressentimento pela predominante presença de judeus em certas ocupações comerciais. A intolerância religiosa alimenta-se de estereótipos que descrevem os judeus como infames transgressores do sagrado; a intolerância social, de pretensas tramas conspiratórias visando ao poder e ao controle. Ironicamente, a fundação do Estado de Israel — o triunfo da busca pela autodeterminação dos judeus modernos — deveu-se menos ao poder judaico do que ao consenso das duas superpotências. Estados Unidos e União Soviética, que quiseram assegurar uma terra natal para um povo desprezado e degradado após a tentativa de genocídio de Hitler.

A história dos judeus nos Estados Unidos, em sua maior parte, caminhou em linhas opostas às desse trágico passado. A maioria dos imigrantes judeus desembarcou na América por volta da virada do século (1881-1924). Trouxeram com eles uma sólida herança de incentivo às qualidades que lhes asseguraram a sobrevivência e a identidade: autonomia institucional, ensino rabínico e empenho nos negócios. Assim como outros imigrantes europeus nos Estados Unidos, os judeus, em sua maioria, tornaram-se cúmplices do sistema racial de castas. Mesmo em um país "cristão", com suas formidáveis barreiras antissemitas, e a despeito de uma rica tradição progressista que tornava os judeus mais inclinados do que os demais imigrantes a sentir compaixão pelos negros oprimidos, um grande número de judeus procurou consolidar sua posição nos Estados Unidos corroborando a perpetuação generalizada dos estereótipos negativos sobre os negros e a acumulação de privilégios disponíveis aos norte-americanos não negros. Nem é preciso lembrar que um profundo ódio pelos africanos (evidenciado na escravidão, nos linchamentos, na segregação e no tratamento como cidadãos de segunda classe) está arraigado no centro da civilização norte-americana.

O período em que houve uma genuína empatia entre judeus e negros e se firmaram entre os dois grupos alianças fundamentadas em princípios (1910-67) constitui importante pilar da política progressista norte-americana neste século. Esses vínculos de apoio tiveram início com as publicações progressistas *The Crisis*, de W. E. B. Du Bois, e o *Jewish Daily Forward*, de Abraham Cahan, e evidenciaram-se nas ligações entre judeus de esquerda e as numerosas organizações de A. Philip Randolph, entre o *Commentary*, de Elliot Cohen, e os primeiros tempos da carreira de James Baldwin, entre profetas como Abraham Joshua Heschel e Martin Luther King Jr., ou entre a entidade Estudantes para uma Sociedade Democrática (Students for a Democratic Society), de maioria judaica, e o Comitê Coordenador Estudantil para a Não Violência (Student Non-Violent Coordinating Committee). Hoje em dia, esse animador período de cooperação entre negros e judeus é, com frequência, menosprezado pelos negros e romantizado pelos judeus. Os negros menosprezam-no porque dão ênfase ao ingresso tremendamente rápido da maioria dos judeus nas classes média e média alta durante esse breve período — ingresso esse que gerou um intenso conflito com a classe média negra, de crescimento mais lento, e um ressentimento social por parte da classe dos negros pobres, cada vez mais numerosa. Os judeus, por sua vez, tendem a romantizar esse período porque seu status atual nas classes alta e média alta da sociedade norte-americana não condiz com sua histórica autoimagem de progressistas compadecidos pelos desventurados.

Hoje em dia, negros e judeus contendem em torno de dois problemas. O primeiro deles é a questão de qual seria o meio mais eficaz para permitir o progresso dos negros nos Estados Unidos. Com mais da metade dos profissionais qualificados e administradores negros empregada no setor público, e os do setor privado com frequência conseguindo acesso graças à supervisão da Comissão para a Igualdade de Oportunidade de Emprego (Equal Employment Opportunity Commission), os ataques de alguns judeus à política de ação afirmativa são vistos como uma investida contra o meio de vida dos negros. E, considerando que uma porcentagem desproporcional de negros pobres depende do auxílio do governo para viver, as tentativas de desativar os programas de benefícios públicos são vistas pelos negros como uma oposição à sua sobrevivência. A manifesta resistência dos judeus à ação afirmativa e ao gasto governamental com programas sociais coloca-os em oposição ao progresso dos negros. Esta oposição, embora não tão intensa como a de outros grupos no país, torna-se muito mais evidente para os negros em razão do apoio que os judeus lhes haviam dado no passado. Além disso, ela sugere o puro e simples interesse de grupo e a disposição para abandonar a compaixão pelos desfavorecidos da sociedade norte-americana.

O segundo grande tema de disputa diz respeito ao significado e à prática do sionismo, personificado no Estado de Israel. Sem uma compreensão empática das profundas raízes históricas dos temores e angústias dos judeus pela sobrevivência do grupo, os negros não conseguirão entender o apego visceral da maioria dos judeus a Israel. Analogamente, sem o franco reconhecimento do status dos negros como eternos desfavorecidos na sociedade norte-americana, os judeus não compreenderão o que os problemas simbólicos e os sofrimentos reais dos palestinos em Israel significam para os negros. Os judeus argumentam, com razão, que as atrocidades cometidas pelas elites na África contra os africanos oprimidos no Quênia, em Uganda e na Etiópia são tão ou mais perversas que as perpetradas contra os palestinos pelas elites israelenses. Alguns também salientam — corretamente — que os acordos e tratados entre Israel e a África do Sul não diferem tanto assim dos firmados entre países negros da África, América Latina e Ásia e a África do Sul. Não obstante, essas e outras acusações dos judeus acerca dos duplos critérios dos negros para com Israel não nos conduzem ao cerne da questão. Os negros com frequência encaram a defesa judaica do Estado de Israel como uma segunda instância do flagrante interesse de grupo e, novamente, como um abandono da deliberação com bases morais. Ao mesmo tempo, os judeus tendem a considerar as críticas dos negros a Israel como uma rejeição de seu direito à sobrevivência enquanto grupo e, portanto, como uma traição à precondição para a aliança entre negros e judeus. O que está em jogo aqui não são simplesmente as relações entre os dois grupos, mas — o que é mais importante — o *conteúdo moral* das identidades de negros e judeus e de suas inferências políticas.

A ascensão do Likud, o partido conservador israelense, em 1977, e a manifestação de tacanhas vozes nacionalistas negras na década seguinte contribuíram para agravar o impasse. Quando importantes organizações judaicas nos Estados Unidos apoiaram as desumanas políticas de Begin e Shamir, corroboraram interesses de grupos calculistas. Quando porta-vozes do nacionalismo negro como Farrakhan e Jeffries acusaram com excessiva veemência o poder judaico de subordinar povos de pele negra e morena, fizeram o mesmo jogo mesquinho. Ao voltar as costas para o perverso jugo palestino e ao se recusar a admitir a falsidade das alegadas conspirações judaicas, ambos os lados deixaram de definir o caráter *moral* de sua identidade judaica e negra.

O atual impasse nas relações entre negros e judeus somente se resolverá quando houver, dentro dessas duas comunidades e entre elas, um diálogo caracterizado pela autocrítica, versando não simplesmente sobre seus próprios interesses enquanto grupos, mas, principalmente, sobre o que significa em termos éticos ser negro ou ser judeu. Esse tipo de reflexão não deve ser ingênuo a ponto de não levar em consideração os interesses de grupo, mas precisa nos conduzir a um nível moral mais elevado, no qual debates sérios a respeito da democracia e justiça determinarão como definir nossos grupos e políticas e nos ajudarão a formular estratégias e táticas para escapar às armadilhas do tribalismo e do chauvinismo.

O cruel assassinato de Yankel Rosenbaum em Crown Heights, no verão de 1991, é uma aterradora prova do crescente antissemitismo entre os negros norte-americanos. Embora essa forma específica de xenofobia vinda de baixo não tenha o mesmo poder institucional dos racismos que atingem suas vítimas vindos de cima, ela certamente merece a mesma condenação moral. Ademais, o próprio caráter ético da luta dos negros pela liberdade depende em boa parte da manifesta condenação, por seus representantes, de toda e qualquer atitude ou ação racista.

Em nossos dias, quando um neonazista como David Duke consegue obter 55% dos votos dos brancos (e 69% dos votos dos protestantes "renascidos") na Louisiana, pode parecer um erro ressaltar o comportamento antissemita dos negros — justamente os maiores alvos do ódio racial em todo o país. Porém, a meu ver, esse enfoque é crucial exatamente porque nós, os negros, estamos na linha de frente da luta contra o racismo nos Estados Unidos. Se esses esforços se deixarem dominar pelo antissemitismo, a tentativa de combater o racismo com base em princípios perderá muito de sua credibilidade moral — e todos nós sairemos perdendo. Falando bem claro: se a luta pela liberdade dos negros se transformar simplesmente em uma guerra de todos contra todos em busca de poder, lançando a xenofobia vinda de baixo contra o racismo vindo de cima, o projeto de David Duke será a tendência do futuro — e um apocalipse racial estará à nossa espera. Apesar da retumbante derrota sofrida por Duke, testemunhamos cada vez mais violência racial e sexual que, combinada à crescente penúria econômica, fornece os ingredientes básicos para esse futuro apavorante.

Os negros procuraram desesperadamente encontrar aliados na luta contra o racismo — e constataram que os judeus integram em grandes proporções as fileiras dessa luta. O arrebatamento que às vezes molda a luta antirracista emerge de duas fontes históricas conflitantes: a historicamente fraca inclinação dos Estados Unidos para estabelecer a justiça racial e a ideia abrangente de liberdade e justiça para todos, sem exceção. O antissemitismo crescente entre os negros é um sintoma desse arrebatamento levado ao extremo; é o fruto amargo de um profundo impulso autodestrutivo, alimentado pela desesperança e disfarçado por gestos vazios de união dos negros. A imagem de ativistas negros berrando "Onde está Hitler quando precisamos dele?" e "Heil Hitler" justaposta às de David Duke comemorando o aniversário do Führer parece acender uma única chama de intolerância, queimando de ambos os lados da vela norte-americana e ameaçando consumir todos nós.

O antissemitismo dos negros escora-se em três pilares. Primeiro, ele é uma espécie de racismo contra os brancos. A cumplicidade dos judeus no racismo norte-americano — muito embora menos intensa do que a de outros grupos brancos no país — reforça a percepção dos negros de que os judeus são idênticos a qualquer outro grupo que se beneficia dos privilégios dados aos brancos na América racista. Essa percepção nega a verdadeira história dos judeus e o tratamento a eles dispensado. E as interações específicas de judeus e negros nas hierarquias das empresas e instituições de ensino colocam os judeus em uma posição de evidência como opressores da comunidade negra e, assim, corroboram essa concepção errônea de que eles são idênticos a todos os outros brancos.

Em segundo lugar, o antissemitismo dos negros resulta das expectativas mais elevadas que alguns de nós temos em relação aos judeus. Essa perspectiva coloca os judeus em um patamar moral diferente do atribuído a outros grupos étnicos brancos, devido principalmente à nefanda história do antissemitismo no mundo, em especial na Europa e no Oriente Médio. Essa diferenciação pressupõe que judeus e negros são aliados "naturais", já que ambos os grupos foram vítimas de crônica degradação e opressão nas mãos das maiorias raciais e étnicas. Assim, quando o neoconservadorismo judaico ganha notoriedade em uma época em que os negros se veem cada vez mais vulneráveis, a acusação de "traição" vem à tona entre alguns negros, que se sentem abandonados. Declarações desse tipo encontram poderosa ressonância em uma cultura negra protestante que herdou muitas narrativas cediças, cristãs e antissemitas, sobre como os judeus mataram Cristo. Historicamente, essas infames narrativas têm tido menos peso na comunidade negra, em marcante contraste com as mais implacáveis variedades cristãs brancas de antissemitismo. Contudo, em momentos de desespero na comunidade negra, elas tendem a retornar, eivadas da retórica sobre a traição judaica.

Em terceiro lugar, o antissemitismo dos negros é uma forma de ressentimento e inveja de gente desfavorecida, dirigida contra outros desfavorecidos que conseguiram "ter sucesso" na sociedade norte-americana. A notável mobilidade ascendente dos judeus nos Estados Unidos — fundamentada em especial em sua história e cultura, que incentivam a educação de nível superior e a auto-organização — com facilidade induz o aparecimento de mitos acerca da união e homogeneidade dos judeus, mitos esses que se desenvolvem entre outros grupos, principalmente entre os relativamente desorganizados, como o dos negros norte-americanos. A conspicuidade dos judeus nos altos escalões da vida acadêmica, jornalismo, indústria do entretenimento e profissões liberais — embora em menores proporções nas grandes empresas e nos cargos públicos de nível nacional — é vista menos como resultado de trabalho árduo e sucesso merecidamente alcançado e mais como uma questão de favoritismo e nepotismo entre os judeus. Ironicamente, os clamores pela solidariedade e a realização dos negros com frequência são moldados segundo os mitos da união dos judeus — pois ambos os grupos reagem à xenofobia e ao racismo no país. Porém, em tempos como o de agora, alguns negros veem os judeus como um obstáculo, e não como aliados, na luta pela justiça racial.

Esses três elementos do antissemitismo dos negros — que também caracterizam as perspectivas de alguns outros grupos étnicos nos Estados Unidos — têm uma longa história na comunidade negra. No entanto, o surto recente de antissemitismo nessa comunidade explora duas outras características muito notórias no panorama político identificado com o establishment judaico no país: o status militar de Israel no Oriente Médio (especialmente na execução da ocupação da margem ocidental e de Gaza) e a manifesta oposição dos judeus *conservadores* àquilo que se considera o principal meio para o progresso dos negros, ou seja, à política de ação afirmativa. Naturalmente, as críticas fundamentadas em princípios dirigidas à política norte-americana no Oriente Médio, à degradação dos palestinos pelos israelenses ou aos ataques à ação afirmativa transcendem as suscetibilidades antissemitas. Mas isso não ocorre com as críticas vulgares — e elas muitas vezes estão repletas dessas suscetibilidades, tanto na comunidade negra como na branca. Essas críticas vulgares — geralmente baseadas em pura ignorância e mal-informada sede de vingança — acrescentam uma faceta agressiva ao antissemitismo dos negros. E, na retórica de pessoas como Louis Farrakhan ou Leonard Jeffries, que possuem públicos justificadamente ávidos por amor-próprio e opostos à degradação dos negros, essas críticas direcionam erroneamente as energias progressistas dos negros, arregimentadas contra o poder incontrolável das grandes corporações e o racismo, voltando-as contra as elites judaicas e as conspirações de judeus para prejudicar os negros. Esse deslocamento é danoso não apenas por ser analítica e moralmente errado, mas também porque ele dissuade a formação de alianças efetivas entre as etnias.

A retórica de Farrakhan e Jeffries nutre-se de uma inegável história de degradação dos negros nas mãos dos norte-americanos de todos os grupos étnicos e religiosos. Assim, as delicadas questões do amor-próprio e da autoaversão dos negros são vistas em termos do aviltamento imposto pelos brancos e das conspirações de judeus. A preciosa busca da autoestima dos negros fica reduzida a gestos imaturos e catárticos que acusam uma excessiva obsessão pelos brancos e judeus. Não pode existir uma concepção sadia do caráter humano dos negros com base nessas obsessões. O melhor da cultura negra, como se pode ver no jazz ou na igreja negra profética, por exemplo, recusa-se a colocar os brancos ou os judeus em um pedestal ou na sarjeta. Em vez disso, afirma-se o caráter humano dos negros juntamente com o dos outros, mesmo que esses outros por vezes tenham desumanizado os negros. Para ser mais direto: quando a humanidade dos negros é aceita como um dado e não forçada a se comprovar no contexto da cultura branca, brancos, judeus e outros não são tão importantes; são simplesmente seres humanos, exatamente como os negros. Se o melhor da cultura negra definhar em face do antissemitismo dos negros, estes ficarão ainda mais isolados enquanto comunidade, e sua luta pela libertação ganhará a mancha da imoralidade.

Por exemplo, a maioria dos norte-americanos acredita, erroneamente, que a comunidade negra calou-se ante o assassinato de Yankel Rosenbaum. Essa percepção existe porque as vozes morais na América negra foram desconsideradas, ou então abafadas por vozes mais sensacionalistas e xenofóbicas. Os principais jornais e periódicos nova-iorquinos parecem ter pouco interesse em tornar conhecidas do público as condenações morais proferidas pelo reverendo Gary Simpson, da Igreja Batista da Concórdia, no Brooklyn (com uma congregação de 10 mil fiéis negros), pelo reverendo James Forbes, da Igreja de Riverside (com 3 mil fiéis), pela reverenda Carolyn Knight, da Igreja Batista de Filadélfia, no Harlem, pela reverenda Susan Johnson, da Igreja Batista dos Mariners, em Manhattan, pelo reverendo Mark Taylor, da Igreja Open Door, no Brooklyn, pelo reverendo Victor Hall, da Igreja Batista do Calvário, em Queens, e por muitos outros. O antissemitismo dos negros não é causado pela divulgação dos meios de comunicação — mas ele efetivamente aumenta a venda de jornais e desvia nossa atenção das energias proféticas que nos dão alguma esperança.

Minha premissa fundamental é a de que a luta dos negros pela liberdade constitui o principal anteparo entre as pessoas como David Duke e a esperança de um futuro no qual possamos começar a tratar com seriedade a questão da justiça e liberdade para todos. O antissemitismo dos negros — juntamente com suas concomitantes xenofobias, como os preconceitos machistas e homofóbicos — enfraquece esse anteparo. Nesse processo, ele faz o jogo dos racistas de velha cepa, que apelam para o pior que há em nossos concidadãos em meio à silenciosa depressão que assola a maioria dos norte-americanos. Sem uma redistribuição de riqueza e poder, a mobilidade descendente e a pobreza debilitante continuarão a impelir as pessoas para saídas desesperadas. E sem uma oposição às xenofobias vindas de cima e de baixo baseada em princípios, essas saídas desesperadas produzirão um país insensível e mesquinho, pelo qual não valerá mais a pena lutar e onde não valerá mais a pena viver.

7. A SEXUALIDADE DOS NEGROS: UM ASSUNTO TABU

> *"Aqui"*, *ela dizia, neste lugar, somos carne: carne que chora, que ri; carne que dança descalça no capim. Amem essa carne. Amem muito. Lá fora eles não amam nossa carne. Eles a desprezam. Não amam nossos olhos; preferem arrancá-los. Também não amam a pele em nossas costas. Lá fora eles a açoitam. E, meu povo, eles não amam nossas mãos. Essas eles apenas usam, amarram, prendem, cortam fora e deixam vazias. Amem suas mãos! Amem! Levantem suas mãos e beijem--nas. Toquem-se uns aos outros com elas, batam palmas, acariciem com elas seu rosto, que este eles não amam também.* Vocês *têm de amar seu rosto,* vocês*!* [...] *É de carne que estou falando aqui. Carne que precisa ser amada.*
>
> Toni Morrison, *Amada*, 1987

OS NORTE-AMERICANOS ESTÃO OBCECADOS por sexo e receosos da sexualidade dos negros. A obsessão deriva da busca por estímulo e propósito em uma cultura vertiginosa, orientada pelo mercado; o medo tem raízes em entranhados sentimentos a respeito do corpo negro, alimentados pelos mitos sexuais sobre as mulheres e os homens negros. Os mitos dominantes retratam as mulheres e os homens negros como criaturas ameaçadoras, com potencial poder sexual sobre os brancos, ou então como seres inofensivos e assexuados, subalternos da cultura branca. Há Jezebel (a mulher sedutora), Safira (a rameira ardilosa e perversa), ou Tia Jemima (a preceptora assexuada e resignada). Há Bigger Thomas (o negro louco, malvado e vigarista, cobiçoso de mulheres brancas), Jack Johnson (o homem do superdesempenho —

atlético, artístico ou sexual —, com sua propensão natural para superar a todos e sua preferência por mulheres de pele mais clara), ou o Pai Tomás (o vacilante, assexuado — ou seria impotente? — ajudante dos brancos). Os mitos apresentam criaturas distorcidas, desumanizadas, cujos corpos — cor da pele, formato do nariz e dos lábios, tipo do cabelo, tamanho do quadril — já são diferenciados com relação aos padrões brancos de beleza, e cuja temida atividade sexual é considerada repulsiva, obscena ou suja, e tida como menos aceitável.

Entretanto, nos Estados Unidos, o paradoxo da política racial no tocante ao tema do sexo está em que, a portas fechadas, o sexo obsceno, repulsivo e sujo associado aos negros é com frequência tido como mais excitante e interessante, ao passo que, em público, falar a respeito da sexualidade dos negros é praticamente tabu. Todo mundo sabe que não se pode ter uma conversa franca a respeito de raça sem abordar a questão do sexo. Contudo, a maioria dos cientistas sociais que estuda as relações raciais refere-se muito pouco ou mesmo nada ao modo como as percepções sexuais influenciam as questões raciais. Minha tese é a de que a sexualidade dos negros constitui um assunto tabu entre os brancos e os negros norte-americanos, e que um diálogo franco a esse respeito, entre essas duas comunidades e dentro de cada uma, é essencial para que haja relações raciais sadias no país.

O principal impacto cultural da década de 1960 não foi desmitificar a sexualidade dos negros, e sim tornar seus corpos mais acessíveis aos dos brancos, *em pé de igualdade*. Até então, a história desse acesso caracterizara-se sobretudo pelos brutais estupros e torpes abusos dos brancos. A afro-americanização dos jovens brancos — dado o papel preponderante dos negros na música popular e nos esportes — colocou a juventude branca em contato mais próximo com seu próprio corpo, e facilitou uma interação mais humana com a gente negra. Ouvir os discos da Motown nos anos 1960 ou dançar hip hop nos anos 1990 pode não levar as pessoas a questionar os mitos sexuais sobre as mulheres e os homens negros, mas quando garotos brancos e negros compram os mesmos discos de sucesso e aplaudem os mesmos heróis do esporte, o resultado é, com frequência, um espaço cultural comum onde ocorre certa interação humana.

A corrente cultural alternativa da interação inter-racial intensificou-se durante as décadas de 1970 e 1980, apesar de a polarização racial ter crescido na esfera política. Deixamos escapar boa parte do que ocorre no complexo desenvolvimento das relações raciais nos Estados Unidos se enfocarmos somente a estratégia racial adotada pelo Partido Republicano e deixarmos de lado a acentuada mescla multicultural verificada nas duas últimas décadas na cultura popular. De fato, um dos motivos pelos quais Nixon, Reagan e Bush tiveram de adotar uma estratégia racial, ou seja, precisaram codificar sua linguagem ao tratar da questão racial em vez de simplesmente falar sem rodeios, foi a mudança do clima *cultural* no país em torno dos temas raça e sexo. A clássica cena do senador Strom Thurmond — ferrenho segregacionista e oponente de longa data do sexo e do casamento inter-raciais — defendendo com unhas e dentes o juiz Clarence Thomas (casado com uma branca e tido como ávido consumidor de pornografia dos brancos) demonstra como essa mudança de clima afeta até mesmo os políticos reacionários do país.

Nem é preciso lembrar que muitos norte-americanos brancos ainda consideram repulsiva a sexualidade dos negros. E alguns deles continuam a achar repulsiva a sua própria sexualidade. A moralidade vitoriana e as ideias racistas não mudam rapidamente. Contudo, um número cada vez maior de norte-americanos brancos mostra-se disposto a uma interação sexual com negros *em pé de igualdade* — mesmo que os mitos ainda persistam. A meu ver, não há razão para comemorar nem para lamentar esse fato. Sempre que dois seres humanos encontram o genuíno prazer, satisfação e amor, as estrelas sorriem e o universo se enriquece. Mas se esse prazer, satisfação e amor continuam a se alicerçar em mitos sobre a sexualidade dos negros, o desafio mais fundamental da interação humana permanece intacto. O que se tem, em vez disso, é o acesso dos brancos ao corpo dos negros em pé de igualdade — porém não ainda a desmitificação da sexualidade dos negros.

Essa desmitificação é crucial para a América negra, pois grande parte da aversão e do desprezo que os negros sentem por si mesmos relaciona-se à recusa de muitos deles a amar seu próprio corpo — especialmente as características negras do nariz, quadril, lábios e cabelos. Assim como numerosos norte-americanos brancos sentem repulsa pela sexualidade dos negros, muitos destes também têm o mesmo sentimento — mas por motivos muito diversos, e com resultados muito diferentes. A ideologia hegemônica dos brancos escora-se sobretudo na degradação do corpo dos negros, com o intuito de controlá-los. Um dos modos mais eficazes de incutir medo nas pessoas é aterrorizá-las. Mas para sustentar esse medo o melhor é convencê-las de que seu corpo é feio, seu intelecto é inerentemente subdesenvolvido, sua cultura é menos civilizada e seu futuro é menos digno de consideração do que o das outras pessoas. Duzentos e quarenta e quatro anos de escravidão e quase um século de terrorismo institucionalizado sob a forma de segregação, linchamentos e cidadania de segunda classe nos Estados Unidos objetivaram justamente a desvalorização dos negros. Esse empreendimento hegemônico dos brancos acabou sendo um relativo fracasso — graças à coragem e criatividade de milhões de negros e centenas de brancos excepcionais como John Brown, Elijah Lovejoy, Myles Horton, Russell Banks, Anne Braden e outros. Contudo, esse empenho dos brancos em prol da desumanização deixou marcas, vistas agora nas cicatrizes físicas e nas feridas íntimas lavradas na alma dos negros. Essas cicatrizes e feridas estão claramente estampadas no quadro da sexualidade negra.

Como se chega a aceitar e a impor a aceitação de um corpo tão desprezado pelos demais? De que maneira os negros podem usufruir os momentos íntimos de sexualidade em uma cultura que põe em dúvida a beleza estética de seu corpo? Podem florescer genuínos relacionamentos humanos para os negros em uma sociedade que agride sua inteligência, seu caráter moral e sua potencialidade?

Tais questões cruciais foram abordadas naqueles espaços sociais dos negros que afirmam seu caráter humano e afastam o desprezo dos brancos — especialmente nas famílias, igrejas, mesquitas, escolas, confrarias masculinas e femininas. Essas preciosas instituições dos negros forjaram uma poderosa luta contra o bombardeio hegemônico dos brancos. Habilitaram as crianças negras a aprender em condições de inferioridade e sustentaram o ego ferido dos negros para que eles pudessem prosseguir na luta; preservaram-lhes a sanidade em uma sociedade absurda, na qual o racismo reinava inquebrantável, e proporcionaram aos negros oportunidades para manter vivo o seu amor. Mas essas grandiosas porém imperfeitas instituições negras recusaram-se a abordar uma questão fundamental: *a sexualidade dos negros*. Ao contrário, fugiram dela como de uma praga. E obsessivamente condenaram os locais onde essa sexualidade se ostentava: as ruas, os clubes, os salões de dança.

Por que isso ocorreu? Antes de mais nada, porque essas instituições dão ênfase à sobrevivência dos negros no país. E sobreviver, para os negros, requer que eles se adaptem à América branca e sejam aceitos por ela. A adaptação esquiva-se de qualquer associação prolongada com o subversivo e o transgressivo — seja o comunismo, seja a miscigenação. Não seriam as vidas corajosas mas trágicas de Paul Robeson e Jack Johnson uma prova dessa verdade? E a aceitação significava que apenas os negros "bons" prosperariam — especialmente os que deixassem a sexualidade na porta ao "entrar" e "se instalar". Em suma, as instituições negras em luta firmaram um pacto faustino com a América branca: evite toda abordagem significativa sobre a sexualidade dos negros, e sua sobrevivência à margem da sociedade norte-americana será, pelo menos, possível.

O medo que os brancos têm da sexualidade dos negros é um ingrediente básico de seu racismo. E, para os brancos, admitir esse medo profundo ao mesmo tempo que procuram incutir e conservar o medo nos negros é reconhecer uma fraqueza — uma fraqueza que sai das entranhas. Cientistas sociais há tempos aceitam que o medo do sexo e do casamento inter-racial é a fonte mais *observável* do temor que os brancos têm dos negros — assim como as repetidas castrações de negros vítimas de linchamento demandam uma séria explicação psicocultural.

A sexualidade negra é um assunto tabu nos Estados Unidos sobretudo porque ela constitui uma forma de poder dos negros sobre o qual os brancos têm pouco controle — contudo, suas manifestações visíveis evocam nos brancos as mais violentas reações, seja de obsessão fascinada, seja de franca repulsa. Por um lado, a sexualidade dos negros entre eles próprios não inclui absolutamente os brancos, nem faz destes um ponto central de referência. Ela se manifesta como se os brancos não existissem, como se eles fossem invisíveis e não tivessem a mínima importância. Essa forma de sexualidade coloca os negros no centro do palco, sem nenhuma presença de brancos. Isso pode ser perturbador para os que estão acostumados a ser os guardiões do poder.

Por outro lado, a sexualidade dos negros entre eles e os brancos acontece com base especialmente nos desejos ocultos que os norte-americanos negam ou deixam de lado em público e sobre os quais as leis não possuem um controle efetivo. De fato, os mitos sexuais predominantes acerca de homens e mulheres negros retratam os brancos como "fora de controle" — seduzidos, tentados, dominados, subjugados pelos corpos negros. Essa forma de sexualidade dos negros faz da passividade dos brancos uma regra — e essa autoimagem não é nada aceitável para uma sociedade governada por brancos.

É evidente que nenhum desses cenários explica por completo os complexos elementos que determinam o modo como um relacionamento específico envolvendo a sexualidade negra *realmente* ocorre. No entanto, eles ressaltam a ligação fundamental entre a sexualidade dos negros e o poder destes nos Estados Unidos. Assim, fazer da sexualidade dos negros um assunto tabu é calar-se a respeito de determinada forma de poder que se julga que os negros têm sobre os brancos. À primeira vista, esse poder é um aspecto favorável, em que os negros têm a superioridade sexual sobre os brancos graças aos mitos dominantes em nossa sociedade.

Entretanto, existe nesse poder um lado especioso — que os negros já há muito perceberam. Se a sexualidade dos negros é uma forma de poder em que a atuação dos negros e a passividade dos brancos estão interligadas, então não estariam os negros simplesmente agindo segundo os próprios papéis que os mitos racistas sobre sua sexualidade lhes atribuem? Por exemplo, a maioria das igrejas de negros não viu com bons olhos as ruas, clubes e salões de dança em parte porque esses espaços dos negros pareciam confirmar os mitos racistas sobre a sexualidade negra que deveriam ser repelidos. Só se fossem "negros respeitáveis", raciocinaram, os norte-americanos brancos veriam suas boas obras e poriam de lado o racismo. Para muitos membros da Igreja negra, a atuação dos negros e a passividade dos brancos em se tratando de sexo não era desejável nem tolerável. Essa atuação apenas permitia aos negros fazer o papel do exótico "outro" — mais próximo da natureza (destituído de inteligência e de controle) e mais suscetível de ser levado por prazeres inferiores e impulsos biológicos.

Será que existe uma saída para esse impasse em que a sexualidade dos negros ou os libera do controle dos brancos só para aprisioná-los em mitos racistas ou os confina à "respeitabilidade" dos brancos enquanto faz de sua própria sexualidade um assunto tabu? Há saídas, sim, porém não uma única para todos os negros. Ou, em outras palavras, as saídas disponíveis para os homens negros diferem muito das disponíveis para as mulheres negras. Mas nem homens nem mulheres serão bem-sucedidos sem que ambos os lados o sejam, pois as degradações que sofrem são inseparáveis, ainda que não idênticas.

A sexualidade dos homens negros difere da sexualidade das mulheres negras porque esses homens têm autoimagens e estratégias distintas para adquirir poder nas estruturas machistas da América branca e das comunidades negras. Analogamente, entre os homens negros a heterossexualidade difere da homossexualidade, devido às autopercepções e aos meios para obter poder nas instituições homofóbicas da América branca e das comunidades negras. O mito dominante da habilidade sexual dos homens negros faz deles parceiros desejáveis em uma cultura obcecada por sexo. Além disso, a afro-americanização da juventude branca pendeu mais para o lado dos homens, dada a preeminência de atletas e a influência cultural de artistas populares do sexo masculino. Esse processo faz com que os jovens brancos — de ambos os sexos — procurem imitar e emular o estilo dos homens negros no andar, falar, vestir e gesticular. Uma das ironias de nossa época é o fato de que, justamente quando os jovens negros são assassinados, mutilados e aprisionados em números sem precedentes, seus estilos assumem uma influência preponderante na moldagem da cultura popular. Em geral, um rapaz negro adquire poder estilizando seu corpo conforme o lugar e a época, de sorte que esse corpo reflita sua singularidade como pessoa e provoque medo nos outros. Ser "mau" é bom não simplesmente porque isso subverte a linguagem da cultura branca dominante, mas também porque impõe para os jovens negros um tipo sem igual de ordem ao seu próprio caos específico, e chama a atenção de modo a fazer com que os outros recuem com certa apreensão. Esse estilo dos rapazes negros constitui uma forma de autoidentificação e resistência em uma cultura hostil; é também um exemplo de identidade machista, pronta para violentos embates. No entanto, em uma sociedade na qual o homem é quem manda, a identidade machista é considerada normal, e mesmo enaltecida — como no caso de Rambo e Reagan. Mas, no caso dos negros, o estilo machista implica sobretudo envolver-se em embates sexuais com mulheres e embates violentos com outros homens negros ou com policiais agressivos. Dessa maneira, sua busca do poder com frequência reforça o mito da grande habilidade sexual dos homens negros — um mito que tende a subordinar as mulheres negras e brancas como objetos de prazer sexual. Essa busca do poder também resulta, em geral, em um confronto direto com as autoridades estabelecidas, ou seja, com a polícia e o sistema de justiça criminal. A crise cultural prevalecente para muitos rapazes negros fundamenta-se na limitação de opções para seu estilo de autoimagem e resistência em uma cultura obcecada por sexo, mas receosa da sexualidade dos negros.

Essa situação é ainda mais desoladora para a maioria dos homens negros homossexuais, que rejeitam a opção dominante do estilo machista, mas são, por isso mesmo, marginalizados na sociedade dos brancos e penalizados na comunidade negra. Em seus esforços para serem eles próprios, acabam acusados de não serem "homens negros" de verdade, por não se identificarem com o machismo. Comediantes negros talentosos como Arsenio Hall e Damon Wayans usam o negro gay como figura principal de suas gags. Mas por trás das risadas espreita uma tragédia de grandes proporções: a recusa de brancos e negros norte-americanos a levar em consideração novas opções de estilo para homens negros presos ao letal esforço de rejeitar as identidades machistas negras.

O caso das mulheres negras é bem diferente, em parte porque a dinâmica do machismo branco e negro as afeta de modo diverso, e em parte porque a degradação da heterossexualidade das mulheres negras nos Estados Unidos faz do lesbianismo para elas um passo menos assustador a ser dado. Isso não significa que as lésbicas negras sofrem menos do que os homens negros homossexuais — na verdade, elas sofrem mais, sobretudo em razão de sua situação econômica inferior. Mas significa que a subcultura das lésbicas negras é fluida, com suas fronteiras menos policiadas, justamente porque a sexualidade das mulheres negras em geral é mais desvalorizada e, portanto, mais marginalizada entre os norte-americanos brancos e negros.

O mito dominante da grande habilidade sexual das mulheres negras faz delas parceiras sexuais desejáveis — porém, o papel central da ideologia sobre a beleza da mulher branca atenua a conclusão esperada. Em vez de as mulheres negras serem o mais procurado "objeto de prazer sexual" — como no caso dos homens negros —, são as mulheres brancas que tendem a ocupar essa posição "valorizada", isto é, degradada, sobretudo porque a beleza branca tem um peso maior na atratividade sexual das mulheres na sociedade machista e racista dos Estados Unidos. O ideal de beleza feminina no país privilegia a suavidade e a brandura supostamente associadas à mulher branca e desvalo-

121

riza o jeito de ser exuberante do estilo associado à mulher negra. Tal procedimento não é apenas mais racista para as mulheres negras do que para os homens negros; ele é também mais depreciativo para as mulheres em geral do que para os homens em geral. Isso quer dizer que as mulheres negras estão sujeitas a ataques racistas mais numerosos e diversificados do que os homens negros, além dos ataques sexuais que elas sofrem por parte destes últimos. Nem é preciso ressaltar que a maioria dos homens negros — em especial os que têm especialização profissional — simplesmente adaptam esse procedimento vulgar ao longo do eixo das cores mais claras de pele, de maneira que as mulheres negras de pele mais escura sofrem mais o impacto do que suas já desvalorizadas irmãs de pele mais clara. As lutas psíquicas em torno da autoconfiança, a agonia existencial derivada da questão da genuína atratividade e o fardo social de dar à luz e quase sempre de educar filhos negros sob tais circunstâncias desenvolvem na mulher negra uma força espiritual desconhecida da maioria dos homens negros e de quase todos os demais norte-americanos.

Enquanto a sexualidade dos negros permanecer um assunto tabu, não seremos capazes de reconhecer e examinar esses trágicos fatos psicoculturais da vida norte-americana, nem de lidar com eles. Ademais, nossa recusa em fazê-lo limita nossa capacidade para confrontar as esmagadoras realidades da epidemia de aids que grassa nos Estados Unidos em geral e particularmente na comunidade negra do país. Embora as dinâmicas da sexualidade dos homens negros sejam diferentes das ligadas à sexualidade das mulheres negras, novas opções para o estilo de autoimagem e resistência dos negros podem ser forjadas, mas apenas quando homens e mulheres se empenharem juntos. Isso acontece não porque é dever de todas as pessoas negras ser heterossexuais ou ter parceiros da mesma cor de sua pele, mas porque todos os negros — inclusive as crianças negras filhas de casais inter-raciais — são profundamente afetados pelos mitos prevalecentes sobre a sua sexualidade. Esses mitos fazem parte de uma rede mais ampla de falácias hegemônicas dos brancos, cuja autoridade e legitimidade têm de ser solapadas. No longo prazo, não existe para nós outra saída que não agir em nossas vidas psíquicas e sexuais sempre segundo as verdades que proclamamos a respeito da genuína interação humana. Somente indo contra a crença geral poderemos manter viva a possibilidade de que os sentimentos entranhados a respeito dos corpos negros, alimentados por mitos racistas e promovidos pela busca de estímulo induzida pelo mercado, não nos tornem para sempre obcecados com a sexualidade e receosos da humanidade que há em toda pessoa.

8. MALCOLM X E A IRA NEGRA

> *Se os Estados Unidos chegarem a viver grandes revoluções, elas serão causadas pela presença da raça negra em solo norte-americano — ou seja, deverão sua origem não à igualdade, mas à desigualdade de condições.*
>
> Alexis de Tocqueville, *Da democracia na América*, 1840

> *Não creio que as raças branca e negra algum dia cheguem a viver em um país em pé de igualdade. Mas julgo que a dificuldade é ainda maior nos Estados Unidos do que em qualquer outra parte. Um indivíduo isolado pode suplantar os preconceitos da religião, de seu país ou de sua raça e, se esse indivíduo for um rei, pode efetuar mudanças surpreendentes na sociedade; mas um povo inteiro não é capaz de, por assim dizer, erguer-se acima de si próprio. Um déspota que por hipótese sujeitasse os norte-americanos e seus ex-escravos ao mesmo jugo poderia talvez ter êxito em mesclar essas raças; mas enquanto a democracia no país se mantiver à testa dos acontecimentos, ninguém se lançará a tarefa tão difícil; e se pode prever que, quanto mais livre se tornar a população branca nos Estados Unidos, mais isolada ela permanecerá.*
>
> Alexis de Tocqueville, *Da democracia na América*, 1835

MALCOLM X ARTICULOU A IRA DOS NEGROS de um modo sem precedentes na história norte-americana. Seu estilo de comunicar essa ira transmitia uma ardente insistência e uma audaciosa sinceridade. O teor de suas palavras ressaltava a crônica recusa da maioria dos norte-americanos em reconhecer o rematado absurdo da situação que enfrentam nos Estados Unidos os seres humanos de ascendência africana — os incessantes ataques à inteligência, à beleza, ao caráter e à potencialidade dos negros. O imenso empenho de Malcolm X em obter a todo custo a aceitação da condição humana dos negros e sua tremenda coragem para pôr em evidência a hipocrisia da sociedade norte-americana fizeram dele o profeta da ira negra — naquela época e agora.

Malcolm X foi o profeta da ira negra sobretudo em razão de seu grande amor pelo povo negro. Esse amor não era abstrato nem efêmero; constituía um elo concreto com um povo degradado e desvalorizado, carente de conversão psíquica. Foi por esse motivo que a articulação da ira negra levada a cabo por Malcolm X não se dirigiu em primeiro lugar à América branca. Malcolm acreditava que, se os negros sentissem o amor que motivava aquela ira, esse amor produziria neles uma conversão psíquica; eles se afirmariam como seres humanos, não mais enxergando seus corpos, mentes e almas segundo a óptica dos brancos, e se julgariam capazes de assumir o controle de seu próprio destino.

Na sociedade norte-americana — sobretudo durante a vida de Malcolm X na década de 1950 e início da década seguinte — tal conversão psíquica podia facilmente ter como consequência a morte. O negro altivo, ciente de seus direitos, que de fato acreditava na capacidade do povo negro para se livrar do jugo da opressão racista branca e controlar seu próprio destino, em geral acabava como uma daquelas estranhas frutas [os corpos dos negros pendurados nas árvores, enforcados e queimados] encontradas nas árvores sulistas da tocante canção "Strange Fruit", interpretada pela magnífica Billie Holiday. Assim, quando Malcolm X articulava a ira negra, sabia que também tinha de dar o exemplo, em sua própria vida, da coragem e do sacrifício que todo negro que verdadeiramente tem amor-próprio precisa para enfrentar as aterradoras consequências de ter amor-próprio na sociedade norte-americana.

Em outras palavras, Malcolm X materializou distintamente como negro a relação entre a autoafirmação, o desejo de liberdade, a ira contra a sociedade norte-americana e a grande probabilidade de morte prematura.

Na concepção de conversão psíquica de Malcolm X, os negros não deveriam mais ver a si próprios segundo a óptica dos brancos. Ele afirmava que os negros jamais dariam valor a si mesmos enquanto usassem critérios de valor que os depreciavam. Por exemplo, Michael Jackson pode ter razão em querer ser visto como uma pessoa e não como uma cor (nem preto nem branco), mas suas plásticas faciais acusam uma autoavaliação baseada em padrões brancos. Assim, apesar de ele ser um dos maiores *showmen* de todos os tempos, continua a se enxergar, pelo menos em parte, através dos padrões estéticos brancos, que desvalorizam algumas de suas características africanas. É evidente que o caso de Michael Jackson é apenas a demonstração mais franca e visível de uma autoaversão muito difusa entre um grande número de negros que exercem profissões qualificadas. O chamado de Malcolm X à conversão psíquica em geral horroriza os membros desse grupo privilegiado, pois boa parte do que eles são e do que fazem é avaliada em termos de seu status, riqueza e prestígio na sociedade norte-americana. Por outro lado, os desse grupo com frequência compreendem o clamor de Malcolm X mais do que os outros justamente porque viveram na intimidade de um mundo de brancos onde a desvalorização dos negros é na maioria das vezes considerada normal ou suposta de forma inconsciente. Não é por acaso que a classe média negra sempre manteve uma relação ambivalente com Malcolm X — rejeitando abertamente sua estratégia militante de desafio generalizado à sociedade norte-americana, mas secretamente aceitando suas ousadas verdades a respeito do racismo nessa sociedade. É raro encontrar um retrato de Malcolm X no escritório de um profissional liberal negro (em contraste com os de Martin Luther King Jr.), mas não há dúvida de que ele é uma figura cristalizada na memória racial da maioria dos profissionais negros qualificados.

Em suma, a ideia de conversão psíquica de Malcolm X constitui uma crítica implícita à noção de "dupla consciência" de W. E. B. Du Bois. Nas palavras deste,

> O negro é uma espécie de vidente, nascido com um véu e dotado de clarividência neste mundo americano — um mundo que não lhe concede uma verdadeira autoconsciência, mas apenas lhe permite ver a si próprio por intermédio da revelação do outro mundo. É uma sensação estranha esta dupla consciência, esta sensação de sempre olhar para si mesmo através dos olhos dos outros, de medir a própria alma com a bitola de um mundo que se entretém assistindo com desprezo e pena.

Para Malcolm X, essa "dupla consciência" relaciona-se mais propriamente àqueles negros que vivem "em cima do muro" que separa o mundo negro do branco, passando de um lado para o outro mas nunca se estabelecendo em nenhum. Assim, eles anseiam por aceitação em ambos os mundos, sem receber uma aprovação genuína de nenhum deles; entretanto, persistem em se enxergar segundo a óptica da sociedade branca dominante. Segundo Malcolm X, essa "dupla consciência" é menos uma descrição de um modo de ser necessário para os negros no país e mais um tipo específico de postura mental colonizada encontrado em um determinado grupo de negros norte-americanos. A "dupla consciência" de Du Bois parece atrelar os negros à busca da aprovação dos brancos e à decepção resultante sobretudo dos critérios racistas de avaliação; Malcolm X, por sua vez, sugere que essa trágica síndrome pode ser debelada por meio da conversão psíquica. Mas como?

Malcolm X não fornece uma resposta direta a essa questão. Em primeiro lugar, sua conhecida distinção entre "negros da casa" (que amam e protegem o senhor branco) e "negros do campo" (que odeiam o senhor branco e lhe impõem resistência) indica que a massa dos negros é mais propensa a adquirir reações isentas de influências colonizadoras e, portanto, tem menos pendor para ser "cooptada" pelo status quo dos brancos. Entretanto, esse expediente retórico, embora perspicaz ao ressaltar as diferentes perspectivas entre os negros, não consegue dar uma descrição persuasiva do comportamento dos negros "bem de vida" e dos negros "pobres". Em outras palavras, existem vários exemplos de "negros do campo" com mentalidade de "negros da casa" e vice-versa. A tão citada distinção feita por Malcolm X salienta corretamente a inclinação, entre os profissionais qualificados negros muito assimilados à sociedade branca, para colocar em um pedestal a "branquitude" (em todas as suas várias formas), mas também tende a descrever sob um prisma não crítico as concepções e representações dos negros "pobres" sobre a "negritude". Por conseguinte, sua crítica implícita à ideia de "dupla consciência" de Du Bois contém certo grau de verdade, mas apresenta uma alternativa inadequada.

Em segundo lugar, na perspectiva de nacionalismo negro de Malcolm X, a única resposta legítima à ideologia e prática hegemônica dos brancos é o amor-próprio e a autodeterminação dos negros, isentos da tensão gerada pela "dupla consciência". Esse requisito é ao mesmo tempo sutil e problemático. É sutil porque todo movimento negro pela liberdade fundamenta-se em uma afirmação da condição humana dos africanos e em uma busca do controle do próprio destino. Entretanto, nem toda forma de amor-próprio dos negros afirma a condição humana dos africanos. Ademais, nem todo projeto de autodeterminação dos negros consiste em uma busca decidida do controle do próprio destino. A alegação de Malcolm X é problemática porque tende a supor que os nacionalismos negros detêm o monopólio do amor-próprio e da autodeterminação dos negros. Essa hipótese falaciosa confunde as questões enfocadas pelos nacionalismos negros com as várias maneiras como os nacionalistas negros e outros compreendem essas questões.

Por exemplo, o grandioso legado de Marcus Garvey obriga-nos a jamais esquecer que o amor e o respeito do negro por si mesmo estão no centro de qualquer movimento viável dos negros pela liberdade. Isso, porém, não significa que devemos nos referir ao amor e ao respeito próprio do negro da maneira como fez Garvey, ou seja, segundo um modelo imponente no qual exércitos e marinhas negras indicam o poder dos homens de cor. De modo análogo, a tradição de Elijah Muhammad leva-nos a reconhecer o papel crucial da consideração e estima do negro por si próprio, mas não induz necessariamente à aceitação do modo como Elijah Muhammad preconizava a realização desse objetivo, isto é, procurando impor uma supremacia negra que nos libertasse do cativeiro da supremacia branca. O que estou querendo dizer com isso é que ressaltar as questões apontadas corretamente pelos nacionalistas negros e analisar sem preconceitos suas percepções não resulta necessariamente na aceitação de sua ideologia. Malcolm X mostrou uma tendência para seguir por esse caminho injustificado — a despeito de seu enfoque logicamente correto sobre o amor-próprio dos negros, suas elaboradas percepções acerca do cativeiro dos negros na supremacia branca e de sua profunda concepção da conversão psíquica.

A noção de conversão psíquica de Malcolm X depende da ideia de que os espaços dos negros, onde florescem sua comunidade, humanidade, amor, cuidado, consideração e apoio, emergirão de uma ira negra arrebatadora. Mas nesse ponto seu projeto mostra-se deficiente. Como poderia a arrebatadora ira negra ser contida e canalizada nos espaços dos negros de modo a anular as consequências destrutivas e autodestrutivas? A grandiosidade de Malcolm X reside, em parte, no fato de ele ter apresentado esse desafio fundamental com intensidade e insistência até então nunca vistas na América negra, porém sem ter tido chance, em sua curta vida, de confrontá-lo e resolvê-lo na teoria e na prática.

O projeto do separatismo negro — ao qual se dedicou Malcolm X durante grande parte de sua vida depois de sua conversão psíquica ao grupo Nation of Islam — apresentou profundos problemas intelectuais e organizacionais. Ao contrário da noção de conversão psíquica de Malcolm X, a ideia de conversão religiosa de Elijah Muhammad alicerçava-se em uma obsessão pela supremacia branca. O objetivo básico da teologia muçulmana negra — com sua explicação sobre as origens do povo branco eivada de concepções sobre a supremacia negra — era combater a hegemonia branca. Contudo, essa preocupação ainda permitia aos brancos servir como principal fonte de referência. Aquilo que funciona como motivação fundamental para nós ainda dita as condições do que pensamos e fazemos — portanto, a motivação de uma doutrina hegemônica negra revela o quanto se está obcecado com a supremacia dos brancos. Isso é compreensível em uma sociedade racista branca — porém é danoso para um povo desprezado em luta pela liberdade, pois nossos olhos devem se dirigir para o objetivo, e não para quem perpetua nossa opressão. Em suma, o projeto de Elijah Muhammad permaneceu cativo do jogo hegemônico — um jogo dominado pelos racistas brancos que ele combalia e imitava com sua doutrina sobre a supremacia negra.

A noção de conversão psíquica de Malcolm X pode ser compreendida e usada de modo a não implicar necessariamente a supremacia negra; ela apenas rejeita a escravidão dos negros à ideologia e à prática hegemônicas dos brancos. Por esse motivo, mesmo sendo o principal porta-voz dos muçulmanos negros, ele contava com muitos simpatizantes, mas, dentre estes, os muçulmanos eram pouco numerosos. Como foi que Malcolm X permitiu que sua noção de conversão psíquica fosse transformada pela Nation of Islam em um clamor pela supremacia negra — clamor este que prejudica boa parte do melhor que havia em seu chamado à conversão psíquica? Malcolm X continuou como um devoto seguidor de Elijah Muhammad até 1964 em boa medida por julgar que os outros grandes canais construtivos da ira negra no país — a Igreja e a música negra — eram menos eficazes do que a Nation of Islam para produzir e sustentar a conversão psíquica. Ele sabia que o sistema político eleitoral nunca seria capaz de lidar com a dimensão existencial da ira negra — e por isso ele, assim como Elijah, afastou-se desse sistema. Malcolm X também reconhecia — o que é raríssimo de se ver nos líderes negros de hoje — que o embate dos negros com o absurdo na sociedade racista norte-americana gera uma profunda necessidade espiritual de afirmação e reconhecimento de sua condição humana. Vem daí a importância máxima, na vida dos negros, da religião e da música — as mais espirituais das atividades do Homem.

Mas para Malcolm X, em grande medida, a religião e a música negra haviam desviado a ira negra do racismo branco, conduzindo-a para um mundo celestial e sentimental fictício. Nem é preciso dizer que é errônea a concepção de Malcolm X do cristianismo negro como uma religião de brancos que incentiva a submissão na esperança de recompensa na outra vida e da música negra como um veículo do romantismo piegas. Conquanto possa ser verdade que uma parcela considerável da música dos negros na época de Malcolm X — porém não toda ela — passava ao largo da ira negra, o caso do movimento pelos direitos civis alicerçado na Igreja parece contradizer sua acusação de que o cristianismo negro serve como sedativo para adormecer as pessoas em vez de incitá-las à ação. Martin Luther King, assim como Elijah Muhammad (e ao contrário de Malcolm X), concluiu que a ira negra era tão destrutiva e autodestrutiva que, sem uma ampla visão moral e organização política, ela provocaria um desastre na América negra. Seu projeto de resistência não violenta ao racismo branco foi uma tentativa de canalizar a ira negra para direções políticas que preservassem a dignidade dos negros e mudassem a sociedade norte-americana. E seu desespero perante Watts, em 1965, ou Detroit e Newark, em 1967,[*] tornou-o cada vez mais pessimista quanto à canalização moral da ira negra nos Estados Unidos. Para Martin Luther King Jr., parecia que ciclos de caos e destruição surgiriam no

---

[*] As rebeliões de Watts, Detroit e Newark foram as maiores dentre os 329 tumultos que ocorreram em 257 cidades americanas entre 1963 e 1969. (N. T.)

horizonte caso esses canais morais se mostrassem ineficazes ou sem atrativos para a geração seguinte. Para Malcolm X, porém, o movimento pelos direitos civis não era militante o suficiente, pois não tratava clara e diretamente da ira negra, nem apelava para ela.

Malcolm X também parece não ter tido quase nenhum interesse intelectual em lidar com aquilo que distingue a religião e a música negra: seu caráter cultural híbrido, no qual a complexa mistura de elementos africanos, europeus e ameríndios compõe algo que é novo e tipicamente negro no mundo moderno. Assim como a maioria dos nacionalistas negros, Malcolm X temia o caráter culturalmente híbrido da vida dos negros. Esse temor assentava-se sobre a necessidade de canais maniqueístas (branco/negro, homem/mulher) para direcionar a ira negra — formas caracterizadas por líderes carismáticos, estruturas machistas e pronunciamentos dogmáticos. É bem verdade que essas formas assemelham-se às de outras organizações religiosas encontradas no mundo, porém o medo da hibridez cultural negra entre os da Nation of Islam é significativo por sua forma única de teologia maniqueísta e suas disposições autoritárias. A teologia maniqueísta guardava distância do mundo dos brancos apesar de proclamar ideias que predominavam na Europa moderna, como a supremacia racial e o nacionalismo. As disposições autoritárias criavam um corpo disciplinado e hierarquizado de adeptos devotos, que continham sua ira em um clima de repressão cultural (regulamentação do vestuário, dos livros e discos, do desejo sexual etc.) e de proteção paternalista às mulheres.

Essa complexa relação de hibridez cultural e sensibilidade crítica (ou jazz e democracia) suscita questões interessantes. Se Malcolm X temia a hibridez cultural, em que medida ou em que sentido seria ele um autêntico democrata? Acreditaria ele que a cura da flagrante doença da "democracia" racista norte-americana estava em mais democracia com a inclusão dos negros? Seria seu relativo silêncio a respeito das monarquias que ele visitou no Oriente Médio um indício de que ele não dava muita importância ao papel das práticas democráticas para conferir poder aos oprimidos? Estaria seu medo da hibridez cultural em parte fundamentado na relutância em aceitar sua própria hibridez pessoal, como por exemplo sua pele clara, "avermelhada",* seus amigos íntimos brancos etc.?

O medo que Malcolm X tinha da hibridez cultural originava-se de duas preocupações de ordem política: a de que a hibridez cultural atenuasse a percepção do caráter perverso da supremacia branca e a de que ela acabasse por ligar tão intimamente os destinos de negros e brancos que a possibilidade da liberdade dos negros se extinguisse. Seu enfoque fundamental sobre as variedades, sutilezas e crueldades do racismo branco tornou-o desconfiado de qualquer discurso a respeito de hibridez cultural. Ademais, as figuras que se mostravam mais eloquentes e inspiradoras na questão da hibridez cultural dos negros na década de 1950 e início da seguinte, como por exemplo Ralph Ellison e Albert Murray, eram integracionistas políticos. Tal postura parecia esquecer com excessiva rapidez o terror físico e o horror psicológico de ser negro nos Estados Unidos. Para ser mais claro: Malcolm X identificava-se muito mais com a postura de Bigger Thomas, o irado personagem do livro *Filho nativo*, de Richard Wright, do que com a do reflexivo protagonista de Ralph Ellison em *Homem invisível*.

O imenso pessimismo de Malcolm X quanto à capacidade e possibilidade de os norte-americanos brancos abandonarem o racismo induziu-o, ironicamente, a minimizar a importância dos laços passados e presentes entre negros e brancos. Pois se, como afirmou Martin Luther King Jr., os dois grupos estavam enredados "na mesma malha do destino", então as próprias chances de liberdade para os negros eram nulas. Esse grande pessimismo também levou Malcolm X a mostrar-se ambivalente a respeito da democracia norte-americana — pois se a maioria era racista,

---

* No original, *"redness"* [vermelhidão], que se refere ao apelido de Malcom X, Big Red, devido à cor "bronzeada" de sua pele. (N. T.)

como poderia a minoria negra algum dia ser livre? Sua definição de *nigger* era: "uma vítima da democracia americana" — não havia a democracia do *Herrenvolk* [a raça de senhores] transformado os negros americanos em não cidadãos ou anticidadãos da República? Obviamente, o objetivo de uma democracia constitucional é salvaguardar os direitos da minoria e impedir a tirania da maioria. No entanto, a prática concreta do sistema legal norte-americano de 1883 a 1964 promoveu a tirania da maioria branca muito mais do que defendeu os direitos dos norte-americanos negros. De fato, essa trágica realidade impeliu Malcolm X a procurar em outra parte a promoção e proteção dos direitos dos negros — em instituições como as Nações Unidas ou a Organização da Unidade Africana. Uma das molas propulsoras de sua internacionalização da luta dos negros pela liberdade nos Estados Unidos foi o profundo pessimismo quanto à inclinação dos norte-americanos para a justiça racial, não importa quão democrático era ou ainda é o país.

Além disso, o medo que Malcolm X tinha da hibridez cultural estava ligado à sua própria hibridez pessoal (ele era neto de um branco), que tornava indistintas as fronteiras policiadas com tanto rigor pelas autoridades hegemônicas brancas. Para ele, a característica marcante da cultura norte-americana não estava no sincretismo de suas culturas mutuamente influenciadas, mas na vigência de um sistema racial de castas, que definia todo produto desse sincretismo como anormal, alienígena e diferente, tanto na comunidade negra como na branca. Assim como Garvey, Malcolm X considerava essa hibridez — representada, por exemplo, pelos pardos — um símbolo de fraqueza e confusão. A própria ideia de que alguém "não se adequava" ao discurso norte-americano sobre os brancos valorizados e os negros degradados significava que essa pessoa estava sujeita a ver-se excluída e marginalizada tanto pelos brancos como pelos negros. Para Malcolm X, em uma sociedade racista, isso constituía uma forma de morte social.

Poderíamos pensar que a segunda conversão de Malcolm X, em 1964, que fez dele um seguidor do islamismo ortodoxo, talvez houvesse abrandado seu medo da hibridez cultural. No entanto, parece haver poucos indícios de que ele tenha modificado sua concepção sobre o caráter cultural radicalmente híbrido da vida dos negros. Além disso, seu profundo pessimismo no tocante à democracia norte-americana persistiu após a segunda conversão — embora não mais fundamentado em mitos, e sim, unicamente, na experiência histórica dos africanos no mundo moderno. Não foi por acaso que as pessoas não negras, fora dos Estados Unidos e da Europa, que ajudaram a mudar a visão de Malcolm X sobre a capacidade dos brancos para agir humanamente eram muçulmanos do Oriente Médio. É evidente que, para ele, a característica mais notável desses regimes islâmicos não era a ausência de práticas democráticas, mas sua aceitação da humanidade dos negros. Esse grande profeta da ira negra — com toda a sua inteligência, coragem e convicção — continuou cego para as estruturas básicas de dominação no Oriente Médio, alicerçadas nos fatores classe, gênero e orientação sexual.

A atenção hoje dada a Malcolm X, especialmente pelos jovens negros, pode ser vista como a franca articulação da ira negra (como em filmes de vídeo e gravações cujos alvos são os brancos, judeus, coreanos, mulheres negras, homens negros e outros) e também como uma desesperada tentativa de canalizar essa ira, transformando-a em algo mais do que uma mercadoria negociada pela indústria cultural. A geração dos jovens negros vê-se face a face com forças causadoras de morte, destruição e doença, com uma intensidade sem precedentes na vida cotidiana das comunidades urbanas negras. A crua realidade das drogas e armas, de desesperança e decrepitude suscita uma ira irrefreável que somente o discurso de Malcolm X, dentre os líderes negros do passado, consegue refletir. Contudo, questões como conversão psíquica, hibridez cultural, supremacia negra, organização autoritária, fronteiras e limites da sexualidade, entre outras, representam grandes preocupações em nossa época — e essas são as mesmas questões que Malcolm X deixou pendentes ao final de sua curta vida, dedicada a articular a ira e a afirmar a condição humana dos negros.

Para tirar proveito do melhor que nos legou Malcolm X, temos de preservar e expandir sua ideia de conversão psíquica com a finalidade de consolidar redes e grupos nos quais a comunidade negra, seu caráter humano, amor, zelo e cuidado possam criar raízes e crescer (a obra de bell hooks é o melhor exemplo). Esses espaços — que vão além da música e religião negra no que elas têm de melhor — rejeitam ideologias maniqueístas e disposições autoritárias, em favor de perspectivas morais, análises cuidadosas sobre riqueza e poder, e estratégias concretas de alianças democráticas e coalizões baseadas em princípios. Essas perspectivas, análises e estratégias nunca deixam de levar em consideração a ira dos negros, porém direcionam essa ira para alvos apropriados: todas as formas de racismo, machismo, homofobia ou justiça econômica que prejudicam as oportunidades das "pessoas comuns" (para usar a memorável frase de Sly and the Family Stone e Arrested Development)* para viver com dignidade e decência. A pobreza, por exemplo, pode ser um alvo para a ira negra, tanto quanto a identidade degradada.

Ademais, o caráter cultural híbrido da vida dos negros leva-nos a ressaltar uma metáfora alheia à perspectiva de Malcolm X, porém condizente com suas atuações em público: a metáfora do jazz. Emprego aqui o termo "jazz" para designar não tanto uma forma de arte musical, e mais um modo de existir no mundo, um modo improvisador, de reações camaleônicas, fluidas e flexíveis perante a realidade, contrário a pontos de vista extremistas, pronunciamentos dogmáticos ou ideologias hegemônicas. Ser um guerreiro da liberdade nos moldes do jazz significa procurar galvanizar e ativar pessoas desesperançosas e fartas

---

* Sly and the Family Stone é uma das mais famosas bandas negras da década de 1960. Sua canção "Everyday People" [Pessoas comuns] é hoje um clássico. Foi regravada no começo dos anos 1990 pela banda de rap Arrested Development, sob o título de "People Everyday". (N. T.)

deste mundo, criando formas de organização cujas lideranças, sujeitas à responsabilidade democrática, promovam o intercâmbio crítico de ideias e uma ampla reflexão. A interação de individualidade e unidade não se caracteriza pela uniformidade e unanimidade impostas de cima, e sim por um conflito entre diversos grupamentos que chegam a um consenso dinâmico, sujeito a questionamento e crítica. Como acontece com o solista de um quarteto, quinteto ou banda de jazz, incentiva-se a individualidade a fim de sustentar e intensificar a tensão *criativa* com o grupo — uma tensão que produz níveis mais elevados de desempenho, para atingir o objetivo do projeto coletivo. Esse tipo de sensibilidade crítica e democrática opõe-se a todo e qualquer policiamento de fronteiras e limites para ser "negro", "homem", "mulher" ou "branco". A ira dos negros precisa ter como alvo a supremacia dos brancos, mas também tem de perceber que a negritude *per se* pode abranger homens que defendem a equidade de gênero como Frederick Douglas ou W. E. B. Du Bois. A ira dos negros não deve fazer vista grossa à homofobia, porém deve também reconhecer que a heterossexualidade *per se* pode ser associada aos que combatem a homofobia mas não são homossexuais — assim como a luta contra a pobreza dos negros pode receber o apoio de elementos progressistas de qualquer raça, gênero e orientação sexual.

Malcolm X foi o primeiro grande porta-voz dos negros que olhou firme nos olhos do feroz racismo dos brancos, não pestanejou e viveu o bastante para contar aos Estados Unidos a verdade sobre essa óbvia hipocrisia, com uma postura audaz e desafiadora. Ao contrário de Elijah Muhammad e Martin Luther King Jr., ele não viveu o suficiente para forjar suas próprias ideias e estratégias características para canalizar a ira negra em canais construtivos e mudar a sociedade americana. Somente se nos dispusermos tanto quanto Malcolm X a crescer e confrontar os novos desafios impostos pela ira negra em nossa época colocaremos a luta pela liberdade dos negros em um patamar novo e mais elevado. O futuro deste país pode muito bem depender disso.

EPÍLOGO

Vivemos um dos momentos mais atemorizantes da história dos Estados Unidos. Democracias são bem raras e geralmente efêmeras na aventura humana. É difícil sustentar no espaço e no tempo a preciosa noção de uma existência satisfatória e digna para as pessoas comuns — conseguida graças à participação delas na tomada básica de decisões em instituições que afetam fundamentalmente suas perspectivas de vida. E cada esforço histórico para forjar um projeto democrático é solapado por duas realidades cruciais: *pobreza* e *paranoia*. A persistência da pobreza gera níveis de *desesperança* que intensificam o conflito social; a escalada da paranoia gera níveis de *desconfiança* que reforçam a divisão cultural. A questão racial é o problema mais explosivo na vida norte-americana justamente porque nos força a confrontar os trágicos fatos da pobreza e da paranoia, da desesperança e da desconfiança. Em resumo, um exame honesto da *questão* racial nos leva ao cerne da crise da democracia americana. E o grau em que a *raça* faz diferença nas atribulações e dificuldades de nossos concidadãos é uma medida crucial da nossa capacidade de manter vivo o melhor desse experimento democrático que chamamos de Estados Unidos da América.

Nem seria preciso dizer que esse frágil experimento começou com uma aceitação sem questionamento da infame opressão aos ameríndios e mexicanos, da exclusão das mulheres, da subordinação de trabalhadores europeus e da repressão aos homossexuais. Essas realidades fazem parecer um tanto vazias muitas das palavras da revolucionária Declaração de Independência. Mas o esteio da democracia norte-americana foi a escravização de africanos — mais de 20% da população —, pois a tão apregoada estabilidade e continuidade dessa democracia se baseou na opressão e degradação dos negros. Sem a presença dos negros no país, os europeus-americanos não seriam "brancos" — seriam apenas irlandeses, italianos, poloneses, galeses e outros, e se engalfinhariam em conflitos de classe, etnia e gênero por recursos e identidade. O que tornou a América distintamente americana para eles não foi apenas a existência de oportunidades sem precedentes, e sim o empenho para aproveitar essas oportunidades em uma nova terra onde a escravidão e a casta racial serviam como o piso onde era possível amenizar e desviar as lutas de classes, etnias e gêneros entre os brancos. Em outras palavras, foi possível fazer vista grossa à pobreza de brancos e dissimular o medo paranoico que eles tinham uns dos outros sobretudo graças a essa distintiva característica norte-americana: a divisão racial básica entre negros e brancos. De 1776 a 1964 — 188 dos 218 anos da nossa história —, essa divisão racial foi o pressuposto essencial para o funcionamento abrangente da democracia americana, ainda que a concentração de riqueza e poder permanecesse nas mãos de uns poucos homens brancos abastados.

Os anos 1960 foram um divisor de águas na história dos Estados Unidos porque, pela primeira vez, decidimos, como povo, superar a divisão racial *e* declarar guerra à pobreza. Em dois anos foram derrubadas barreiras *legais* contra o acesso dos negros a direitos civis e ao voto. Em oito anos metade dos norte-americanos pobres foi tirada da pobreza. E em uma década o número de idosos pobres diminuiu em mais de 50%. Contrariando os mitos populares sobre os anos 1960, esse foi um breve momento no qual confrontamos corajosamente nossos problemas mais explosivos como um povo: *a hierarquia racial e a má distribuição de riqueza e poder.* Mas isso não durou muito. A economia entrou em declínio, a raiva dos negros se acirrou e a reação dos brancos tomou forma. Então, por quase duas décadas, assistimos à queda dos salários reais da maioria da população, ao surgimento de uma nova divisão racial nas mentes e nas ruas de concidadãos, à colossal transferência de renda dos trabalhadores para os ricos e ao crescimento das drogas e das armas (juntamente com o medo e a violência) no país. Muitos republicanos conservadores recorreram ao velho trunfo racial para permanecer em seus cargos, e a maioria dos democratas liberais não teve coragem de dizer a verdade sobre os novos níveis de declínio e decadência que nos tragavam. Em vez disso, como povo, nós toleramos níveis de sofrimento e miséria entre os desfavorecidos (sobretudo crianças pobres de todas as cores, apanhadas por uma perversa loteria natural!), perdemos a fé em nosso sistema político, movido pelo dinheiro, e levamos uma vida de evasão hedonista e abstenção narcisista enquanto a divisão racial se expandia e as disparidades entre ricos, pobres e trabalhadores se acentuavam. Agora nos vemos famintos de soluções rápidas e sedentos de curas instantâneas para graves problemas econômicos, culturais e políticos que por décadas deixamos gangrenar. E o mais lamentável é que parecemos não ter a paciência, a coragem e a esperança necessárias para reconstruir nossa vida pública — a verdadeira força vital de qualquer democracia.

Meu objetivo neste livro é revitalizar nossa discussão pública sobre raça à luz do nosso pessimismo paralisante e nosso ceticismo estultificante como povo. Democrata radical que sou, acredito que é tarde — mas talvez não tarde demais — para confrontar e superar a pobreza e a paranoia, a desesperança e a desconfiança que nos assediam. Como a democracia é uma solução aproximada para problemas insolúveis, nas palavras do grande Reinhold Niebuhr, não antevejo uma utopia social nem um paraíso político. Minha intenção é ser, o máximo possível, ousado e desafiador na minha crítica a *qualquer* forma de xenofobia, honesto e franco sobre a necessidade de responsabilidade civil e responsabilização social de cada um de nós, tolerante e compassivo com qualquer perspectiva política que possa nos trazer descortino, sabedoria e poder.

Nesta era pessimista, carecemos de esperança e coragem tanto quanto de visão e análise; precisamos ressaltar o melhor uns dos outros mesmo enquanto chamamos a atenção para os efeitos malignos da nossa divisão racial e para as consequências perniciosas da nossa má distribuição de riqueza e poder. Não podemos de modo algum adentrar o século XXI atacando uns aos outros, mesmo reconhecendo as forças opressivas do racismo, patriarcado, desigualdade econômica, homofobia e agressão ecológica que pesam sobre nós. Estamos em uma encruzilhada crucial na história deste país — ou nos unimos combatendo as forças que nos dividem e nos degradam, ou seguimos caminhos separados. Teremos a inteligência, o humor, a imaginação, a coragem, a tolerância, o amor, o respeito e a vontade para encarar o desafio? O tempo dirá. Nenhum de nós poderá salvar sozinho o país ou o mundo. Mas cada um de nós que se empenhe pode fazer diferença positivamente.

Cornel West
Princeton, janeiro de 1994

CORNEL WEST nasceu em 1953, em Tulsa, Oklahoma, nos Estados Unidos. Ph.D. em filosofia pela Universidade de Princeton, foi professor no Union Theological Seminary e nas universidades Yale, Harvard, Princeton e Paris. Autor de vinte livros, dentre eles os best-sellers *Questão de raça* e *Democracy Matters*, além de *Breaking Bread*, em coautoria com bell hooks, West é também editor — responsável pela coleção The Radical King, que recupera a trajetória de Martin Luther King como um dos principais líderes dos direitos civis nos Estados Unidos — e produtor musical, tendo lançado três álbuns falados, incluindo *Never Forget*, em colaboração com Prince, Jill Scott, Andre 3000, Talib Kweli, KRS-One e Gerald Levert.

1ª edição Companhia das Letras [1994]
2ª edição Companhia de Bolso [2021]

Esta obra foi composta pela Verba Editorial
em Janson Text e impressa pela Gráfica Bartira
em ofsete sobre papel Pólen Soft da Suzano S.A.

A marca FSC® é a garantia de que a madeira utilizada na fabricação do papel deste livro provém de florestas que foram gerenciadas de maneira ambientalmente correta, socialmente justa e economicamente viável, além de outras fontes de origem controlada.